엔크리스토 제자양육성경공부 2 - 기초과정

이대희 지음 | 바이블미션 편

일대일 양육

-토양 가꾸기

엔크리스토
ENCHRISTO

말씀으로 삶을 변화시키는 한국형 제자양육 교재

혼탁한 시대일수록 확고한 제자의식과 말씀이 생활 속에 나타나도록 하는 훈련이 필요합니다.

많은 성경공부 교재들이 나와 있지만 자아의식을 높이고 말씀을 연구하며 묵상하고 실천하며 생활이 변화되도록 하는 양육교재는 그리 많지 않습니다.

귀납적 방법과 이야기대화식 방법을 적용한 엔크리스토 제자양육 성경공부는 한국 상황에 맞는 성경공부 교재입니다. 일대일과 소그룹을 통하여 스스로 공부할 수 있도록 하고 말씀 속으로 깊게 들어가게 하는 점에서 매우 흥미 있는 교재입니다. 또 말씀을 삶의 실천까지 이끄는 특징을 가지고 있는 전인적 양육교재입니다. 교사나 지도자에게만 의지하지 않고 스스로 성경을 배우고 조용히 은혜의 말씀 속에 잠겨 보면서 말씀의 능력을 경험할 수 있으리라 여겨집니다.

한국 교회는 말씀의 생활화를 위해 크게 힘써야 할 새로운 시대를 맞이하고 있습니다. 이 성경공부 교재가 성령의 인도하심 가운데 그리스도인 한 사람 한 사람을 제자의 삶으로 변화시키기를 소원합니다. 그리하여 한국 교회가 말씀으로 성장하며 아울러 사회와 민족이 말씀으로 새롭게 변화되는 데 귀하게 쓰이기를 기도합니다.

장로회신학대학교 대학원장, 명예교수
주선애

말씀을 통한 자연스러운 사람의 성장을 꿈꾸며

포스트모던 시대에 접어든 현대 사회는 하루가 다르게 급변하고 있습니다. 무엇보다도 물질주의, 이기주의로 인하여 인간의 존엄성이 사라지고 있고 세속화, 비인간화가 교회까지 침투하여 교회가 점차 위기를 맞고 있습니다. 우리는 날이 갈수록 무엇이 진리인지 알 수 없는 애매모호한 시대 속에서 살고 있습니다.

최후의 보루인 교회마저도 한 사람의 가치보다는 보이는 건물과 물질에 끌려가고 있는 실정입니다. 이렇게 된 요인은 절대적인 진리인 성경에서 멀어졌기 때문입니다. 우리 주위를 보면 사람과 교회가 말씀의 성장보다는 세상적인 유행이나 인위적이고 물질적인 성장의 흐름이 주도하고 있는 듯합니다. 지금 교회와 그리스도인은 내부에서 성장의 힘을 찾기보다는 외부에서 성장의 힘을 찾으려는 유혹에 직면해 있습니다.

교회는 인간의 경험과 생각이 아니라 말씀이 이끌어가야 합니다. 교회의 목적은 말씀을 생활화하는 것입니다. 그러면 자연히 교회는 성장하고 부흥하며 사회에서 영향력을 끼칠 수 있을 것입니다. 과정을 무시하고 빠른 속도로 이끌어 내는 인위적인 성장보다는 조금 느리더라도 과정을 거치면서 자연스럽게 유기적 성장의 모습을 추구하는 것이 모든 교회의 소망입니다. 성령의 역사로 교회가 자라가고 홍왕한다면 세상 사람들에게 칭찬 받는 능력의 교회가 될 것입니다.

이것을 위해서 각 그리스도인들에게 말씀의 생명력을 불어넣는 일이 중요합니다. 이런 지속적인 과정을 통하여 점차 구원 받는 자가 날마다 늘어나는 기적의 역사가 한국 교회 속에 일어나기를 소원합니다. 일시적인 성공 프로그램이 아닌 말씀을 통한 교회 성장을 꿈꾸어 봅니다.

본 양육교재는 "엔크리스토 성경공부" 라는 이름으로 한국교회에 소개되어 많은 사람들에게 사랑을 받았던 교재를 기초한 성경교재입니다. "엔크리스토 성경공부"는 20여 년 전, 마땅한 한국적 성경 교재가 없었던 시기에 젊은이와 청년들을 변화시켰던 성경교재입니다. 필자는 말씀을 통해 변화되는 사람들을 보면서 말씀의 힘이 얼마나 위대한지를 직접 경험했고, 그것이 지난 20여 년 동안 성경공부 교재 집필과 말씀을 전하고 가르치는 사역을 어려운 가운데서도 지속적으로 하게 된 원동력이 되었습니다. 지금도 필자는 이 성경교재로 은혜를 받고 성장한 사람들의 이야기들을 종종 접하고 있습니다. 20여 년이 지난 지금, 말씀을 통해 생명의 역사를 일으켰던 그 정신과 힘을 계속 이어간다는 의미에서 이번에 새롭게 내용을 구성하고 보완하여 한국교회 토양에 적합한 제자양육 성경공부 교재를 두려운 마음으로 다시 내놓게 되었습니다.

"성경으로 돌아가자"는 구호는 지금 한국교회에 아주 적합한 말입니다. 이런 저런 프로그램과 내용으로 사람과 교회를 변화시키려 하지만 결국은 성경밖에 없다는 결론에 이르게 됩니다. 사람마다 시기의 차이만 있을 뿐 결국 우리 모두가 이르게 될 종착점은 성경입니다. 시대와 상황에 상관없이 성경공부를 통한 제자양육은 아무리 강조해도 지나치지 않습니다. 성경공부는 단순히 책을 배우는 지식공부가 아닙니다. 말씀이신 하나님과 말씀이 육신이 되신 예수님과 오늘도 진리로 인도하시는 성령님을 체험으로 알아가는 전인적인 하나님 공부입니다.

2000년 전 초대교회는 전적으로 말씀의 힘을 받아 부흥했습니다. 100여 년 전에

불었던 한국교회의 부흥의 역사도 말씀을 통한 부흥이었습니다. 지금의 한국교회는 잠깐 유행하는 프로그램에 이리저리 끌려다녀 시간을 소비하기보다는 성경에 더욱 충실해야 할 것입니다. 아무쪼록 이 양육교재가 그런 일에 조금이라도 보탬이 되기를 소원합니다. 다음 세대에 물려줄 것은 오직 말씀뿐입니다. 이 교재를 통해 성경으로 돌아가며 각자 말씀의 위대한 능력을 경험하는 일이 한국교회에 새롭게 일어나기를 기도합니다. 이런 말씀의 부흥은 시대와 상관없이 다음 세대에도 계속 이어질 것입니다.

지금까지 20여 년 동안 필자와 함께 일대일과 소그룹, 다양한 교회현장에서 말씀을 나누었던 이름을 기억할 수 없는 수많은 사람들, 각자 주어진 현장에서 주님의 제자로 살아가고 있을 사람들, 말씀을 함께 나누면서 마냥 행복해했던 많은 형제와 자매들, 성도들, 학생들에게 감사드립니다. 이들은 지금까지 저에게 힘을 부어 주었던 너무나 소중한 사람들입니다. 이 자리를 빌어 감사의 인사를 전합니다. 특히 외로운 말씀의 길로 달려가는 데 늘 위로와 격려, 기도로 힘을 더해 준 착한 아내 채금령 님에게, 그리고 아버지의 일을 이해하고 잘 따라준 샘과 기쁨에게도 고마움을 전합니다. 그동안 말씀의 길을 가도록 멘토로 한결같이 이끌어 주신 은사 주선애 교수님과 어려운 가운데서도 말씀의 소중함을 가지고 한국교회의 말씀 사역을 위해 지원과 힘을 더해주시고 있는 엔크리스토 박종태 사장님에게 깊은 감사를 드립니다.

오직 하나님께 영광을 올리면서

저자 **이대희**

유 기 적 교 회 섬 김 조 직 표

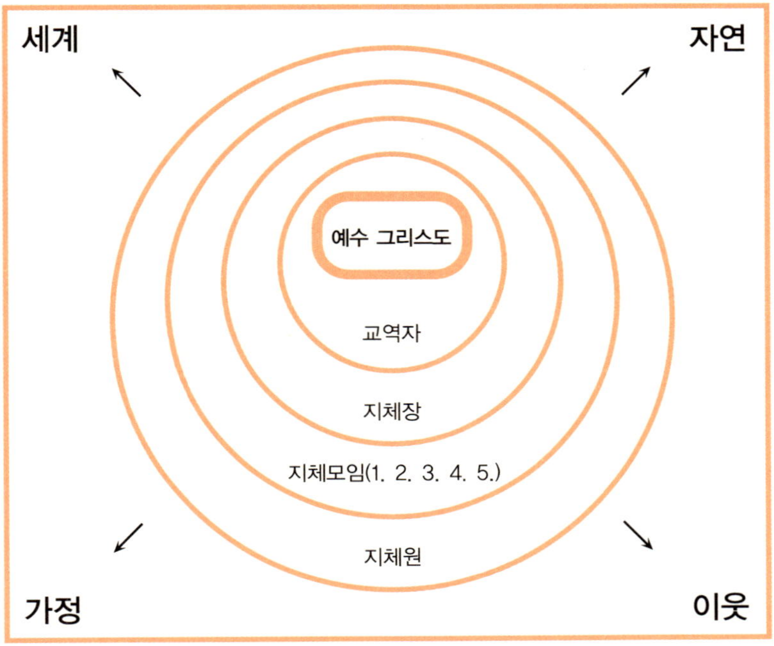

- 엔크리스토 제자양육 조직은 상하명령식인 라인조직이 아닌 상호 유기적인 교제가 이루어지는 원형 조직입니다. 머리되신 예수 그리스도를 중심으로 모두가 그리스도의 몸된 공동체를 이루는 교회 모습을 지향합니다. 유기적인 원형조직에서는 머리이신 예수 그리스도 이외는 높고 낮음이 없이 모두 평등합니다. 모두가 그리스도 안에서 만인 제사장입니다. 그러나 그리스도의 몸 안에서 분량에 맞는 역할과 책임이 있다는 면에서 서로 다릅니다.
- 그리스도, 교역자, 지체장, 지체모임, 지체원은 각자 분리된 것이 아니라 서로 긴밀히 연결된 유기적 관계이며 하나의 생명체입니다. 개인이 아닌 몸된 교회입니다. 세상으로 나갈 때는 각 개인(지체들)으로 가정, 이웃, 세계, 자연 속에서 사명을 감당하지만 결과적으로는 몸된 교회로서 움직이는 것입니다. 교회와 지체와 나는 분리될 수 없는 하나입니다. 교회의 영광이 곧 나의 영광이며 나의 영광이 곧 교회의 영광인 하나된 구조입니다.

그리스도와 공동체가 맺은 공동체 약속

나는 예수 그리스도가 나의 구주되시며, 주님은 나에게 힘을 주시는 분인 줄 믿습니다.

나는 주님의 제자가 되는 제자양육 과정을 통하여 주님이 원하시는 충실한 제자가 될 줄 기대하며 믿습니다.

나는 하나님의 말씀을 배우면서 주님을 닮은 자가 되기 위하여 다음에 대한 것을 성실히 지킬 것을 주님과 지체원들에게 약속합니다.

1. 시간을 꼭 지키며 모임에 빠지지 않도록 합니다.
   (불가피할 경우 사전에 연락하며 보충을 받도록 합니다)
2. 이 과정을 마칠 때까지 모임과 지체원들을 위하여 일주일에 한번 이상 기도합니다.
3. 이 과정을 성실히 마치도록 돕는 기도후원자를 둡니다.
   (기도후원자 이름: 관계:)
4. 매과의 해당 성경본문을 3번 이상 읽고 교재를 준비해 옵니다.

200 , ,

이름:

서명:

교재 특징

엔크리스토 제자양육 성경공부는 하나님의 말씀을 통해 그리스도의 제자로 양육하는 특징을 가지고 있습니다. 어느 한부분이 아닌 전인적인 측면에서 제자를 양육하는 한국토양에 맞는 제자양육 과정입니다.

특징

1. 교회와 생활을 변화시키는 새로운 패러다임의 통합형 전인 제자양육 과정입니다

복음 소개와 전도, 일대일 양육, 말씀공부, 영성훈련의 4가지 과정을 하나로 통합한 제자양육 과정으로 기존의 성경공부 중심으로만 되어 있는 제자과정을 뛰어넘는 새로운 형태의 통합형 전인적 제자양육입니다.

2. 제자양육의 핵심인 성경공부는 본문을 중심으로 한 귀납적 성경공부와 이야기대화식 성경공부를 통합한 성경공부입니다

기본적으로 관찰, 해석, 적용의 과정을 거치면서 실천에 이르게 하는 특징을 가지고 있습니다. 또한 이야기와 대화식을 통하여 생동감 있는 말씀으로 생활에 적용하는 가장 효과적인 성경공부 방법을 사용하고 있습니다.

3. 제자양육을 위한 소그룹과 나눔을 사용한 제자 양육과정입니다

일방적인 주입식 공부가 아니라 소그룹에서 서로 나눔을 통하여 말씀의 깊이를 알아가며 그것을 생활에 적용하는 제자양육 과정입니다.

4. 양육의 핵심은 성경공부를 중심으로 하되 이것을 실천하는 영성훈련 과정을 통해 전인적이고 실제적인 제자양육을 하는 과정입니다

교 재 구 성

영성훈련의 과정은 일회적이 아닌 지속적으로 반복하여 훈련할 수 있게 구성했으며 실제적으로 활용할 수 있는 방법들을 제시했습니다.

5. 신앙의 기초와 뼈대와 성장과 열매를 맺는 생명의 과정으로 자연스럽게 복음과 말씀을 만나 주님을 닮아가는 제자양육 과정입니다

생명체인 식물처럼 자연스러운 신앙과 유기적인 교회 성장을 기할 수 있도록 구성이 되었습니다. 교재 내용을 그대로 따라서 과정을 이수하다 보면 자연스럽게 생활에 익숙해지는 양육의 특징을 가지고 있습니다.

6. 제자로서 꼭 알아야 할 가장 중요한 신앙의 핵심과 뼈대를 중심으로 구성되었습니다

주님의 칭찬을 받는 제자와 신앙이 자라기 위해서 꼭 필요한 영양분과 같은 내용으로 구성되었습니다. 신앙의 핵심을 이해하면서 신앙의 기초를 든든히 하며 신앙 성장을 이룰 수 있습니다.

구성

제자양육을 만드는 전체과정은 크게 네 가지 과정으로 구성이 되었습니다.

1. 복음소개-비전 품기-전도 과정(1권)
2. 일대일 양육-토양 가꾸기-기초과정(2권)
3. 말씀양육-뼈대와 성장과 열매 맺기-양육과정(3-6권)
4. 영성훈련-거름주기-영성과정(7권)

교재 구성

소그룹 속에서 행해지는 각과 성경공부 과정은 크게 다섯 단계를 염두에 두고 구성되었습니다.

- **도입–마음 열기**

  1단계–솔직하고 겸손한 마음을 가지라

- **말씀의 살핌–말씀을 듣고 받기– 관찰**

  2단계–말씀을 들으라

  3단계–나의 말씀으로 받으라

- **말씀의 깨달음–말씀을 깨닫기– 해석**

  4단계–말씀의 의미를 깨달으라

- **말씀의 적용–말씀을 적용하기– 적용**

  5단계–깨달은 말씀을 적용하라

- **실천을 위한 묵상–실천과 결단 하기– 실천**

  6단계–적용된 말씀을 삶에서 실천하라

  인내하면서 나가면 때가 되면 30배, 60배, 100배 열매를 맺는다.

복음과 만남과 일대일 양육 과정은 처음 제자훈련할 때 시행할 수 있는 **일회 과정**입니다. 그러나 영성훈련은 **평생 과정**입니다. 상황에 따라 이 부분을 현장에서 적절하게 사용하면 큰 유익이 될 것입니다.

교재 사용법

1. 본 제자양육 성경공부는 주로 귀납적 방법과 이야기대화식 방법을 사용함으로 필자의 책을 참조하여 미리 이해하면 유익합니다(이야기대화식 성경연구(엔크리스토 刊)).

2. 본 제자양육은 설교식이나 일방적 강의가 아니라 함께 토의를 하면서 해답을 찾아가는 것이며 오늘 주시는 하나님의 음성을 듣는 것입니다.
가능하면 미리 해답을 말하기보다는 점차 밝혀지는 방향으로 나아가야 합니다.

3. 본 제자양육 성경공부는 전인적인 삶에 목표를 두면서 머리와 가슴과 발과 손을 통합한 전인적인 의미에서 제자양육입니다.

4. "영성훈련" 과정은 수시로 사용할 수 있고 과정 중에 사용할 수도 있습니다. 영성훈련은 서로 도와주고 이끌어 주면서 생활 속에서 훈련해야 합니다. 이것은 제자양육이 자칫 성경공부로만 그치는 것을 극복하게 합니다.
이런 영성훈련 과정을 통하여 성경을 구체적으로 적용하는 능력이 생기게 됩니다. 그러므로 이것은 맨 마지막 과정에 사용하기보다는 중간 중간 필요한 상황에 따라 수시로 사용하는 게 좋습니다. 또한 과제 등으로 내줄 수 있습니다.

5. 본 제자양육 과정을 공부하기 위해서는 한 그룹을 "OO지체"라 부르고 구성원은 "OO지체원" 전체를 "OO 교회공동체"라 부릅니다. 모임을 총괄하는 사람은 "지체장", 성경과 양육을 담당하는 사람은 "교사"라고 부릅니다. 지체장은 전체적인 내용, 즉 봉사와 모임과 지체들과의 관계 등을 채워주고, 교사는 그날 주어진 말씀과 신앙생활을 주로 가르칩니다. 기존의 소그룹을 그리스도의 몸의 측면에서 이해하는 유기적인 조직으로서 오가닉 교회의 모습입니다.

엔크리스토 제자양육과정 전체요목

1 복음소개 | 비전 품기-전도 |

1. 행복찾기—인생의 보물, 그것을 찾아라!
2. 인생진단—인간, 무엇이 문제인가?
3. 문제해결—예수님, 완전한 해답이다!
4. 복음생활—행복한 삶, 이제 시작되었다!

2 일대일 양육 | 토양 가꾸기-기초 |

1 제자와 일대일 양육

2. 구원의 확신
3. 구원 이후
4. 로드십(Lordship)
5. 성경
6. 기도
7. 교제
8. 전도
9. 시험
10. 성령충만
11. 제자

엔크리스토 제자양육과정 전체요목

3 새로운 사람 | 뿌리 내리기-정착 |

1. 회개와 나
2. 예수님과 나
3. 성령님과 나

4 성장하는 사람 | 뼈대 세우기-성장 |

1. 말씀과 함께
2. 기도과 함께
3. 찬양과 함께

5 변화된 사람 | 터 다지기-사역 |

1. 순종의 삶
2. 교제의 삶
3. 전도의 삶

6 영향력 있는 사람 | 열매 맺기-생활 |

1. 사랑을 위하여
2. 평화를 위하여
3. 하나됨을 위하여

엔크리스토 제자양육과정 전체요목

7 영성훈련 | 거름주기-영성 |

1. 말씀(시편)기도
2. 경건의 시간(큐티)
3. 관계훈련
4. 성경통독
5. 소그룹대화기도
6. 말씀 찬양
7. 홀로 있는 시간
8. 중보기도
9. 찬송기도
10. 듣고 말하는 기도
11. 식탁의 사귐
12. 영적 독서
13. 섬김훈련
14. 사랑의 실천
15. 전도훈련
16. 복음현장 탐방
17. 리트릿수양회

엔크리스토 제자양육과정표

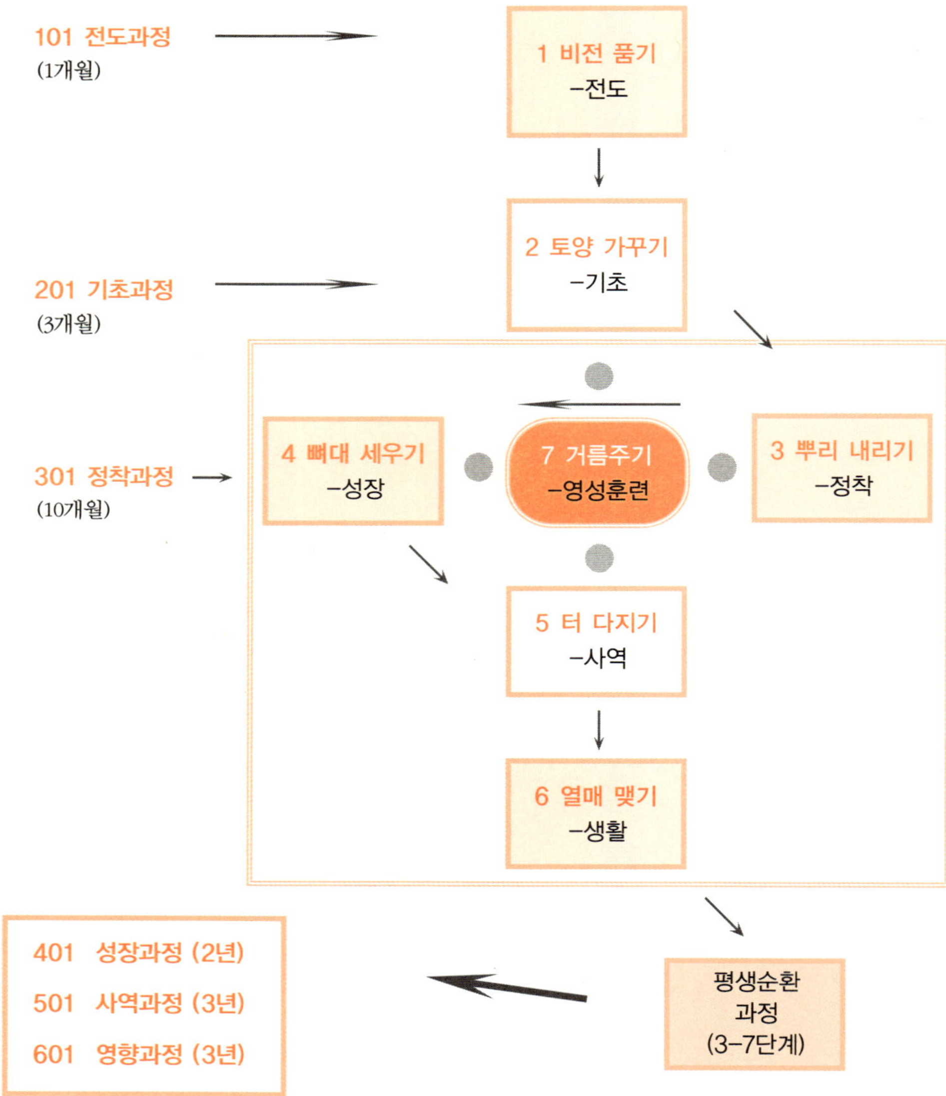

차례

들어가면서

'일대일 양육' 은 복음을 믿고 그리스도인이 된 초신자에게 필요한 과정입니다. 이 교재는 믿음의 토양을 가꾸는 기초적인 내용을 담고 있습니다. 신앙은 기초가 중요합니다. 기초가 부실하면 오래 가지 못하고, 어려움이 생기면 무너지게 됩니다. 모래 위에 지은 집은 풍랑이 몰아치면 금방 사라집니다. 신앙도 마찬가지입니다. 신앙의 기초가 없으면 고난과 어려움이 닥칠 때 쉽게 무너지게 됩니다. 신앙 생활은 2-3년 하고 마는 것이 아닙니다. 평생 동안 하는 일생의 과정입니다. 때문에 신앙의 기초를 잘 다지는 일이 중요합니다. 기초가 튼튼해야 잘 성장할 수 있습니다. 성장하지 않는 사람은 기초가 부실해서입니다. 이런 면에서 '일대일 양육' 과정은 중요합니다.

일대일 양육의 방법으로 이 과정을 공부하면 좋습니다. 대중적인 방법은 기초를 다지게 하는 데 많은 문제가 있습니다. 대중적인 방법은 일방적인 주입식 방법이기 때문에 각 개인에 맞게 훈련시킬 수 없습니다. 이렇게 하면 과정을 마쳤을지 몰라도 개인의 신앙을 점검할 수 없습니다. 기초과정을 이수하는 것으로는 안됩니다. 실제적인 양육이 필요합니다. 그렇지 않으면 양육이 부실하게 되고 형식적인 그리스도인을 만들 수 있습니다.

이런 면에서 일대일 양육방법은 개인의 신앙을 다지는 데 효과적입니다. 개인적으로 맞춤 양육을 할 수 있습니다. 기초과정일수록 대중이나 소그룹 방법보다는 일대일 양육이 유익합니다. 시간이 많이 소요되지만 이것이 빠른 방법입니다. 초신자라 할지라도 모두 같지 않습니다. 이해도와 믿음의 분량 등이 각자 다릅니다. 각자의 특징과 환경과 배경을 고려하여 일대일 양육과정을 사용하면 큰 효과를 볼 수 있습니다.

여기에 소개되는 과정은 기초적인 내용으로 구성되어 있습니다. 그리스도인으로서 꼭 알아야 할 내용을 쉽게 이해할 수 있도록 구성했습니다. 답은 성경 안에서 할 수 있도록 했습니다. 누구든지 쉽게 답할 수 있도록 빈칸을 만들어 핵심 내용을 이해할 수 있도록 했습니다. 중요한 내용을 빈칸으로 만들어 내용을 습득하도록 했습니다. 성경을 찾아서 직접 읽으면서 해답을 찾으면 누구나 쉽게 할 수 있습니다. 초신자는 아직 깊게 생각할 수 있는 능력이 부족하기 때문에 성경을 찾아 하나씩 정리해 나가는 방법을 택했습니다. 그리고 그것을 설명하는 해설을 첨부하여 양육을 돕도록 했습니다. 해설 부분은 양육자가 적절하게 사용하면 좋겠습니다. 말씀을 잘 이해하도록 하는 도움말이기에 상황에 맞게 양육자가 미리 준비하여 선택적으로 사용하는 것이 효과적입니다.

일대일 양육은 양육자가 중요합니다. 양육자가 잘 훈련되어 있지 않으면 효과를 보기 어렵습니다. 교재를 통하여 복음과 신앙의 기초를 잘 이해할 수 있도록 가르치는 양육자가 우선 준비되어야 합니다. 특히 지도자가 양육자를 사전에 잘 훈련시켜 초신자의 수준에 따라 양육하도록 배치하는 것이 유익합니다. 초신자는 일대일 양육을 통해서 신앙의 멘토를 처음 만나는 것이기에 가르치는 것뿐 아니라 삶에서도 모범이 되는 양육자를 세워야 합니다. 양육자는 영적으로 보면 부모와 같은 사람입니다. 누구를 처음 만나느냐에 따라 초신자의 일생이 결정될 수도 있습니다. 양육자는 사랑의 마음을 가지고 초신자를 잘 이해하면서 그들을 신앙으로 이끌기를 소원합니다. 교재를 사용할 때 이런 점을 잘 이해하고 일대일 양육에 임한다면 놀라운 효과를 볼 수 있습니다. 초신자는 이런 만남을 통해 신앙의 눈을 뜨는 시간이 될 것입니다. 아무쪼록 '일대일 양육' 을 통해 아름다운 인격적인 만남이 일어나기를 기도합니다.

1. 제자와 일대일 양육

01

제자와 일대일 양육

왜 일대일 양육인가?

복음을 받아 그리스도인이 된 이후에는 양육을 받아야 합니다. 양육되지 않으면 자기중심적이고 다루기 힘든 모습으로 성장하기 쉽습니다. 돌봄과 양육 없이 방치되면 고집 세고 좀처럼 다루기 힘든 사람이 됩니다. 믿음의 모습도 동일합니다. 교회는 구원받은 새신자를 잘 양육하고 그들을 온전하게 세우는 일을 해야 합니다. 이런 의미에서 양육 과정은 중요합니다.

많은 교회들이 양육에 미약합니다. 제자는 태어나는 것이 아닌 훈련되고 만들어지는 것입니다. 즉 양육을 통하여 제자가 됩니다. 교인 숫자가 늘어나도 양육된 제자가 없다면 진정한 교회 성장이라 말할 수 없습니다. 제자 없이는 계속 성장할 수 없습니다. 유럽의 교회들이 쇠퇴한 이유는 제대로 양육하지 않았기 때문입니다. 모이는 것에만 급급하여 제자를 양육해 내지 못하면 우리

나라도 이런 상황이 머지않아 도래할 수 있습니다.
다음 세대를 바라본다면 양육은 절대적입니다. 주님은 사역 가운데서 양육을 가장 중요하게 여기셨습니다. 왜냐하면 복음이 한 세대로만 끝나면 안 되기 때문입니다. 복음이 계속 전파되기 위해서는 충성된 제자를 양육해야 합니다. 이것은 교회의 시급한 사명입니다. 신앙은 공동체적이면서 개인적입니다. 공동체적인 양육과 개인적인 양육이 균형 있게 이루어질 때 온전한 그리스도인이 됩니다.

세 종류의 양육

양육은 크게 세 가지로 나눌 수 있습니다. 이 세 가지 양육이 균형 있게 이루어져야 합니다. 이 중에 가장 효과적인 양육이 일대일 양육입니다. 스승과 제자가 일대일로 만나서 양육하는 것은 실제적이며 효과가 큽니다.
교회에서 일대일 양육이 활발하게 일어나고 일대일 양육할 수 있는 양육자가 많이 배출되어야 합니다. 교회의 미래와 건강성은 양육자가 얼마나 많이 세워졌느냐에 달려 있습니다. 교회는 포로수용소와 같은 곳이 되면 안 됩니다. 교회는 가정처럼 영적 부모를 통하여 인격적인 양육을 이루는 곳이어야 합니다.

1) 회중 양육

대중을 상대로 한 양육입니다. 회중 양육은 보통 설교와 집회와 강의를 통해서 양육합니다. 복음을 전파하는 데는 회중에게 하는 방법이 효과적이지만, 이 방법은 양육하기에 적합하진 않습니다. 회중 양육은 쉽게 할 수 있는 방법이지만 제자를 만들어내는 데는 부족합니다. 제자로 양육하려면 인격적인 만남이 이루어져야 하는데 무리를 통해서는 일방적인 양육을 할 수밖에 없습니다.

01

2) 소그룹 양육

8~12명의 소그룹을 통한 양육은 대중적인 모임보다는 효과적입니다. 소그룹의 강점은 그룹원끼리 서로 배울 수 있고 그룹 다이내믹스를 경험할 수 있다는 것입니다. 부분적이지만 소그룹 속에서 일대일의 양육이 이루어지기도 합니다. 그러나 실제적인 양육에 한계가 있습니다. 사람들은 중요한 상담을 소그룹보다는 개별적인 면담을 통하여 합니다.
그러나 소그룹만의 강점이 있습니다. 일대일 양육은 지도자 한 사람에게만 집중하지만 소그룹은 다른 지체들을 통하여 함께 배울 수 있다는 점입니다.

3) 일대일 양육

말 그대로 한 사람과 한 사람이 만나는 맨투맨 방식입니다. 개별교육으로 효과가 큽니다. 일대일 양육은 가르치는 사람의 모든 면을 배울 수 있는 강점이 있습니다. 또한 인격적인 만남을 통하여 지식적인 배움 이외에도 다양한 삶의 전반을 배울 수 있습니다. 좋은 스승을 통하여 일대일 양육이 이루어진다면 이보다 효과적인 교육은 없을 것입니다. 예수님은 열두 명의 소그룹 제자양육을 하셨지만 때때로 제자들 개인에게 질문을 하시면서 일대일 양육을 하셨습니다.
또한 일대일 양육은 믿음의 분량대로 그 사람에게 맞는 교육을 할 수 있습니다. 그러나 잘못하면 한 사람에 치중되는 교육이 될 수 있기 때문에 어느 정도 믿음의 뼈대를 세운 후에는 소그룹과 병행하면서 양육하는 것이 균형을 잡는 면에서 바람직합니다.

신앙의 기초를 다져주고 깊게 신앙을 심어준다는 점에서는 일대일 양육이 효과적입니다. 특히 새신자일 경우에는 일대일 양육을 거쳐 소그룹 양육으로 넘어가는 것이 좋습니다. 일대일 양육은 자연스럽게 양육자와 관계를 형성함으로 믿음에 굳게 서는 데 효과적입니다.

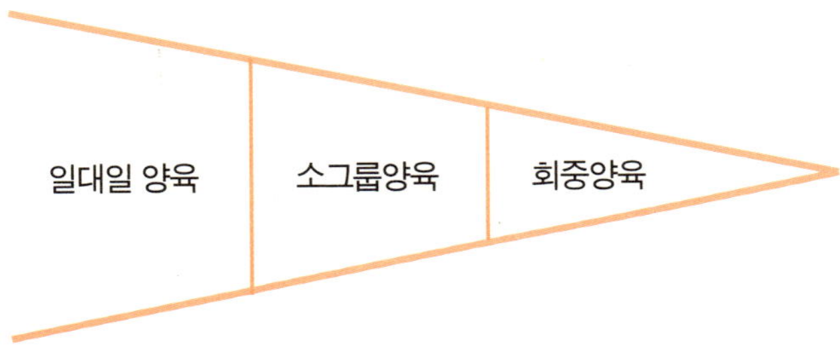

일대일 양육의 중요성

1. 일대일 양육은 한 사람을 소중히 여기는 일에서 시작합니다. 한 사람의 가치를 세우고 그것을 귀하게 여기는 과정이 일대일 양육입니다. 한 사람에게 6개월~1년 동안 시간과 정성을 투자하는 것이 쉽지 않습니다. 그런 이유로 사람들은 일대일 양육에 시간을 잘 들이지 않습니다.
물량적이며 실용적인 현대 사회에서 일대일 양육은 비생산적인 것처럼 보일지도 모릅니다. 그러나 한 영혼을 사랑하는 주님을 생각한다면 일대일 양육이야말로 한 영혼을 사랑하는 것을 보여주는 최고의 양육 방법입니다. 역사는 대중에 의해서가 아닌 창조적인 한 사람에 의해서 변화되고 새롭게 되었습니다. 즉 일대일로 양육된 사람들이 역사의 주역이 되었습니다.
2. 일대일 양육을 통해서 제자로 양육받은 사람은 한 사람의 가치를 알기에 다른 사람을 가르치고 재생산하는 일을 할 수 있게

01

됩니다. 많은 사람을 가르치는 일이 아니기에 모든 사람이 이 사역에 참여할 수 있습니다. 누구나 쉽게 할 수 있는 방법으로, 그리스도인이라면 모두 일대일 양육 사역에 참여해야 합니다.

3. 일대일 양육을 하면 한 영혼이 자라고 성장하는 과정을 볼 수 있는 강점이 있습니다. 이런 과정을 통하여 자연스럽게 좋은 양육자가 될 수 있고 양육하는 사람 자신의 신앙이 자라게 됩니다. 한 영혼을 양육하는 경험을 해보지 않으면 진정한 의미에서 영혼 사랑의 체험을 가지기 어렵습니다. 가정에서 부모가 자녀를 양육하면서 대대로 전수되는 것처럼 교회 안에서도 하루 빨리 일대일 양육 사역이 정착되어야 합니다.

4. 현대 교회는 대부분 일대일 양육을 통해서 자라기보다는 집단 수용소에서 자라는 것처럼 사랑을 받지 못하고 성장하는 경우가 많습니다. 그러다 보니 신앙에 많은 문제를 야기하기도 합니다. 개별적인 양육이 없다 보니 자기 신앙으로 고집적인 상태가 되기 쉽습니다. 이런 사람은 나중에 다른 사람을 양육하기 어렵습니다. 교회 안에서 악순환이 계속되는 것은 양육체계가 제대로 되어 있지 않기 때문입니다. 지금부터라도 교회는 이 과정을 정착해야 합니다.

성경에 나오는 일대일 양육

1. 예수님의 일대일 양육

예수님은 열두 제자를 세워서 평생 동안 제자양육을 하셨습니다. 그리고 그들을 통하여 또 다른 제자를 재생산하는 비전을 품

으셨습니다. 열두 명 소그룹의 양육을 하셨지만 그 속에서 때때로 베드로와 야고보와 요한 세 명을 따로 양육하셨습니다. 또한 필요에 따라 유다와 도마와 빌립도 개인적으로 특별 양육을 하셨습니다.

1. 예수님은 베드로에게 무슨 예언을 하셨습니까?(눅 22:31-34)

2. 예수님이 베드로를 개인적으로 양육하신 내용을 말해 보십시오.(요 21장)

3. 예수님이 의심이 많은 도마에게 가르치신 내용은 무엇입니까?(요 20:26-29)

4. 삭개오와 예수님의 만남을 통해서 발견되는 예수님의 한 영혼에 대한 구원과 양육의 내용을 말해 보십시오.(눅 19:1-10)

2. 바울의 일대일 양육

바울은 많은 교회를 세웠습니다. 세운 교회들을 돌보고 양육하

01

는 일에 온 힘을 쏟았습니다. 특히 한 사람의 중요성을 강조하면서 개개인을 양육하는 사역을 했습니다.

1. 바울의 제자양육의 특징을 말해 보십시오.(골 1:28)

2. 바울이 선교에서 사역의 원리로 삼았던 것이 무엇입니까?(행 14:21-22)

3. 바울이 일대일 양육으로 키워낸 제자들의 모습을 말해 보십시오.

—루디아/ 행 16:14-15

—다양한 제자들/ 롬 16:1-16

—디모데/ 딤전 1:2, 딤후 1-4장("너"라는 1인칭 단어를 찾아보세요)

—디도/ 딛 1:4

일대일 양육을 위한 지침

1. 양육자는 부모, 양육 받는 사람은 자녀와 같은 심정을 가져야 합니다.

양육자는 교사나 강사의 모습보다는 영적 부모의 자세가 우선 되어야 합니다.
복음을 통하여 영적 자녀를 키운다는 개념을 가지고 양육해야 합니다. 이것은 지식적인 가르침을 넘어 생활에까지 이어지는 양육을 뜻합니다. 구원 받은 새신자는 영적으로 보면 막 태어난 어린아이와 같습니다. 이들에게는 부모와 같은 양육자가 필요합니다.

—구원받은 사람은 새롭게 태어난 존재입니다. 무엇으로 태어났습니까? 이런 사람에게는 누가 필요합니까?(고전 4:14; 갈 4:19)

—양육자와 양육 받는 사람은 어떤 관계입니까?(딤전 1:2)

—양육 받는 사람은 무엇을 사모해야 합니까?(벧전 2:2)

01

―양육에서 가장 중요한 영적 양식은 무엇입니까?(마 4:4)

―바람직한 일대일 양육 방법을 말해 보십시오.(살전 2:11)

2. 사람의 제자가 아닌 그리스도를 닮는 제자양육이 되어야 합니다.

양육은 사람의 제자가 아닌 그리스도의 제자를 만드는 것입니다. 양육자는 양육 받는 사람이 그리스도의 형상을 닮도록 도와야 하는 임무를 부여받았기에 철저히 그리스도를 닮아가는 것을 양육의 목표로 삼아야 합니다. 또한 양육을 받는 사람도 그리스도의 형상을 닮는 데 관심을 갖고 양육을 받아야 합니다. 그리스도인은 하나님의 자녀이므로 진정한 부모는 하나님이십니다. 양육자는 양육을 맡은 청지기일 뿐입니다.

―양육은 누구를 마음에 가득 채우도록 해야 합니까?(엡 3:17-19)

―양육의 목표는 무엇입니까?(엡 4:13)

—양육자와 양육 받는 사람은 양육과정에서 어떤 것에 관심을 두어야 합니까?(골 1:28)

3. 하나님의 힘으로 양육해야 합니다.

영적 양육은 세상의 양육 방법과 다릅니다. 세상의 양육은 인간의 힘으로 하지만 신앙 양육은 온전히 하나님의 힘으로 해야 합니다. 외적으로는 사람이 가르치고 양육하지만 궁극적으로 사람이 아닌 하나님이 하십니다. 모든 것을 양육자가 다 하려고 하지 말고 부족한 것은 하나님께 맡기는 겸손한 자세가 필요합니다. 결국 양육하는 사람과 양육 받는 사람 모두 하나님에게 향하도록 해야 합니다. 그럴 때 하나님께 영광을 돌리는 제자양육이 될 수 있습니다.

—양육은 누구의 힘으로 해야 합니까?(골 1:10; 엡 3:7, 20)

—영적 양육의 과정은 결코 쉽지 않습니다. 많은 난관이 있을 것입니다. 그럴 때마다 양육자와 양육 받는 사람은 함께 기도하면서 과정을 진행해야 합니다. 양육자와 양육 받는 사람은 서로 어떤 믿음을 가져야 합니까?(빌 1:6)

—믿음이 잘 자라기 위해서 양육자와 양육 받는 사람이 늘 염두에 두어야 할 사항은 무엇입니까?(살전 2:13)

01

4. 일대일 양육 방법은 본을 보이고 본을 따라가는 것입니다.

자녀는 부모의 모습을 따라 배웁니다. 양육은 지식적인 배움뿐 아니라 삶까지 배우는 것입니다. 양육자 자신이 곧 주님을 닮은 모습을 지닐 때 가장 좋은 양육이 됩니다. 양육이 인격과 삶의 모든 것을 배울 수 있는 관계가 된다면 이보다 힘 있는 양육은 없을 것입니다.

—바울의 일대일 양육 방법은 무엇입니까?(고전 11:1; 살후 3:7-9)

—예수님의 제자양육 방법은 무엇입니까?(요 13:12-15)

5. 성공적인 양육은 말씀을 남게 해야 합니다.

제자양육이 실패하는 가장 큰 이유는 말씀으로 양육하기보다는 인간의 목표를 이루기 위한 수단으로 양육을 사용하기 때문입니다. 교회 성장이나 어떤 사역의 목표를 이루는 방법이나 프로그램으로서 일대일 양육을 하면 안 됩니다. 각 사람이 그리스도의 제자가 되는 것이 제자양육의 목표입니다. 이것을 위해서 가장 필요한 일은 말씀의 사람이 되는 것입니다. 이렇게 되면 일정 기간 동안 양육과정을 마치고 양육자가 떠난다 해도 흔들리지 않고 그 말씀이 그를 영원히 지켜나가게 됩니다. 오직 말씀이 평생 남도록 해야 합니다. 사람에 의해서가 아닌 말씀을 스승으로 삼고 살아가도록 해야 합니다. 사람은 사라져도 말씀은 영원히 남기에 말씀을 심어주는 것이 최고의 양육방법입니다.

—모세가 유언으로 남긴 양육의 핵심은 무엇입니까?(신 6:1-9)

—여호수아가 유언으로 남긴 양육의 핵심은 무엇입니까?(수 23:14-16)

—바울의 양육 방법 중 우리가 본받아야 할 위대한 점을 말해 보십시오.(행 20:29-32)

01

성공적인 일대일 양육을 위한 원리

1. 양육은 관계를 맺는 것입니다. 양육자와 양육 받는 사람과의 관계를 통하여 하나님과 이웃의 관계를 좋게 하는 것입니다.
2. 양육은 프로그램이 아닌 인격과의 만남입니다.
3. 양육의 중심이 사람과의 대화가 아닌 말씀이 되어야 합니다.
4. 인내를 가지고 양육해야 합니다. 생명을 양육하는 것이기에 정상적인 과정을 거치면서 양육되어야 함을 알아야 합니다. 과정을 빨리 마치려는 유혹을 이겨야 합니다.
5. 양육의 주체는 성령님이십니다. 양육자와 양육 받는 사람은 과정을 통하여 일방적인 배움이 아니라 성령님께 함께 배우는 것입니다.
6. 일방적인 양육방식보다는 함께 질문과 대화를 나누는 양육방법을 택합니다.

* 일대일 제자양육 과정을 시작함에 있어서 나의 자세와 각오를 말해 보십시오.

—양육자:

—피양육자:

성경적인 제자 선택의 특징

1. 주도적이며 일방적인 선택이다.(엡 1:11)
2. 많은 수가 아닌 소수의 선택이다.(막 3:14)
3. 평범한 일상의 선택이다.(행 4:13)
4. 배우려는 마음을 가지며 쓰임 받기를 원하는 사람의 선택이다.(요 1:41)
5. 충성된 사람의 선택이다.(마 4:18-22)
6. 함께 지냈던 사람의 선택이다.(행 1:21-26)

01

일대일 양육을 위한 언약

1. 나는 내 의지가 아닌 하나님의 선택을 받아 이 과정을 하게 됨을 믿고 일대일 양육을 통하여 주님의 제자가 되는 데 힘쓸 것을 서약합니다.

—서로를 위해, 이 과정을 위해 하루에 한 번씩 기도하겠습니다.

2. 나 한 사람의 변화를 통하여 하나님의 나라가 아름답게 건설될 것을 믿으며 그 기대감을 가지고 주어진 훈련과정에 끝까지 잘 참여할 것을 약속합니다.

—위급한 일이 생기지 않는 한 빠지지 않고 전 과정을 참여하겠습니다.

3. 환경, 배경, 경험, 나이, 학식에 상관하지 않고 하나님이 역사하시는 은혜만을 바라보면서 주님의 제자가 되는 데 힘쓸 것을 약속합니다.

—성경을 읽는 일을 통하여 주님을 알아가도록 힘쓰겠습니다.

4. 주님을 알고 배우는 일에 열심을 다하면서 적극적으로 배우도록 노력하겠습니다.

—주어진 과제물을 잘 준행하도록 하겠습니다.

5. 하나님의 말씀을 배우는 데 중요한 순종의 자세를 끝까지 유지하며, 특히 양육자를 존경하며 말씀에 순종하면서 잘 배우도록 하겠습니다.

—열심히 양육 받아 다른 사람을 제자로 삼는 일에 대한 비전을 갖도록 하겠습니다.

20 . .

이름 : 서명:

2. 구원의 확신

02

구원의 확신

자기 구원에 대한 점검

• 다음 사항을 읽고 옳다고 생각하는 항목에 0표를 해 보십시오.

1. 내가 말 한마디로 시인하고 영접기도를 했다 해서 과연 그렇게 쉽게 구원을 받을 수 있을까?(　　)
2. 나는 지금 말씀대로 살지 못하고 있는데 과연 내가 구원을 받았다고 할 수 있는가?(　　)
3. 어려운 세상의 유혹을 이기기 어렵고 자꾸 죄를 짓는데 내가 구원 받았다고 할 수 있는가?(　　)
4. 마음으로 믿는 것만으로는 부족하고 실천과 선행이 뒤따라야 구원을 받을 수 있다.(　　)
5. 어떤 신비로운 체험을 보지 못했는데 구원을 받았다고 할 수 있는가?(　　)
6. 너무나 큰 죄를 지었을 경우에도 구원을 받을 수 있는가?(　　)

7. 자꾸 죄책감에서 벗어날 수 없는 데도 나는 구원 받았다고 할 수 있는가?(　)

8. 어려움이 생기면 구원 받은 것에 대해서 의심이 생기고 종종 믿음의 회의까지 올 때가 있는데 내가 구원 받았다고 할 수 있는가?(　)

9. 구원 받은 날짜와 시간을 확실히 알 수 없는데도 구원 받았다고 할 수 있는가?(　)

10. 나는 지금 죽어도 천국에 갈 것을 확신하는가?(　)

11. 내 안에 예수님이 영으로 계시는 줄 믿는가?(　)

12. 성령을 받았는가?(　)

13. 옛사람은 죽었고 지금 사는 것은 새로운 사람인 줄 믿는가?(　)

14. 내가 지은 죄를 예수님을 통하여 용서 받았음을 믿는가?(　)

15. 인생의 마지막에 받을 심판에 대한 두려움이 있는가?(　)

16. 나는 죽어도 다시 부활할 줄 믿는가?(　)

*만약 위 문항에 하나라도 의문이 생기면 아직 구원의 확신이 부족한 것입니다.

구원의 확신을 갖는 방법

> "영접하는 자 곧 그 이름을 믿는 자들에게는 하나님의 자녀가 되는 권세를 주셨으니"(요 1:12)

누구든지 예수님을 영접했으면 하나님의 자녀가 되었습니다. 그러나 분명히 예수님을 믿고 구원 받았음에도 살아가면서 자꾸 믿음이 흔들리는 경우가 많습니다. 다시 말하면, 내가 하나님의 자녀라고 확신을 갖고 살아야 하는데 그것이 쉽지 않습니다. 특히 살다가 어려운 일이 닥칠 때면 정말 하나님이 살아계시는지, 나를 하나님이 책임지시는지 등의 의문이 생기게 됩니다. 그러다 보면 믿음이 흔들리면서 방황하게 됩니다. 왜 이런 일이 생길까요? 이것에 대한 해결점을 찾아보기로 합니다.

1. 구원은 전인적인 사건이다

남녀가 만나서 결혼할 때 그 결혼은 모든 삶을 다해서 상대방을 사랑하는 것을 말합니다. 지적으로 이해하거나 감정적으로 느낀다고 해서 그것이 결혼이 되는 것이 아닙니다. 그런 결혼은 불행합니다. 삶과 삶이 만나야 진정한 결혼이 됩니다. 즉 전인적이어야 합니다. 생각과 마음과 몸이 하나 되는 것이 결혼입니다.

주님과의 만남도 마찬가지입니다. 내가 구원 받았다고 하는 것은 생각과 마음과 몸이 모두 구원 받았음을 의미합니다. 우리는 이것을 전인적인 구원이라고 말합니다. 예수님을 지적으로 인정한다고 해서 그것이 곧 구원 받은 것을 의미하는 것은 아닙니다. 감정과 느낌으로 믿음이 생겼다고 해서 구원 받은 것이라 말할 수 없습니다. 감정은 늘 변할 수 있기 때문입니다. 또 몸이 교회에 참석한다고 해서 그것이 그 사람이 구원 받았음을 의미하는 것은 더더욱 아닙니다. 몸은 수십 년 교회를 다녀도 구원 받지 않은 상태가 될 수 있습니다.

1. 나는 지금 이런 경험은 없습니까? 생각과 마음과 몸 중에서 어느 부분이 부족합니까?

전인적으로 하나님을 사랑하라

구원은 하나님을 사랑하는 것입니다. 예전에는 하나님보다 세상과 자신을 사랑했지만 이제는 하나님을 사랑하는 사람으로 변화된 것을 의미합니다. 하나님의 사랑이 내 속에 들어오는 것이 곧 구원입니다. 구원 받은 자는 하나님의 사랑을 받고 사는 사람입니다. 구원 사건은 단순히 지식적인 것이 아닌 하나님 전체가 우리 안에 사랑으로 들어오는 것입니다.

사랑하는 연인을 평생 사랑하면서 살듯이 이제 주님의 사랑에 포로가 되어 주님의 사랑으로 살아가는 사람이 구원 받은 사람의 모습입니다.

2. 하나님을 사랑하는 방법을 말해 보십시오.(마 22:37-38)

전인적으로 주님을 영접하라

예수님을 나의 마음속에 영접했다는 것은 예수님 자신이 우리 속에 들어와 사시는 것을 말합니다. 즉 예수님 전부가 내 안에 들어온 것입니다. 이런 예수님이 내 안에 거하고 있는 상태를 우리는 구원 받았다고 말합니다. 예수님이 내 안에 있음으로 예수님의 모든 것이 내 것이 됩니다. 이제 주님의 영원한 상속자가 되었습니다. 예수님이 내 속에 전체로 들어와 사시는 사건을 우리는 '주님을 영접했다' 고 말합니다. 주님이 내 안에 들어오셨

02

기에 나와 주님은 이제 하나가 되었습니다. 이제 우리는 살아도 주와 함께 살고, 죽어도 주와 함께 죽는 것이 됩니다. 모든 삶을 주님과 함께 사는 것입니다. 이런 이유로 설령 우리가 죽는다 해도 우리의 몸은 죽지만 예수님은 죽을 수 없는 분이기에 우리도 그와 함께 영원히 살게 됩니다. 우리는 이것을 '천국에 갔다' 고 말합니다.

1. 주님이 내 안에 들어오시는 과정을 말해 보십시오.(계 3:20)

2. 세상 사람들과 다른 그리스도인의 삶의 모습은 무엇입니까?(요 14:16-18)

전인적으로 주님을 믿으라

우리는 "예수님을 믿습니다"라는 말을 많이 합니다. 여기서 믿는다는 것은 마음으로 믿는다거나 생각으로 믿는 것을 넘어 행동까지 나가는 믿음을 의미합니다. 전인적인 믿음입니다. 구원은 전적으로 하나님의 은혜로 주어진 선물입니다. 십자가를 내가 질 수 없습니다. 십자가는 주님이 담당한 것입니다. 그런 면에서 구원은 전적으로 하나님의 주도적인 은혜입니다. 그러나 그 십자가의 은혜가 나에게 다가오기 위해서는 인간이 책임적인 반응과 결단을 해야 합니다. 인격이 없는 동물에게는 선택이나 책임이 없습니다. 그러나 인격을 가진 인간에게는 선택의 자유와 그것에 따른 책임이 있습니다. 구원의 사건이 나에게 일어나기 위해서는 이런 인격적인 책임이 뒤따라야 합니다. 많은 사람들이 예수를 믿지 못하는 이유는 이런 인간의 책임을 등한시하고 선택권을 잘못 사용했기 때문입니다. 예수님을 믿기로 작정을 했으면 이제 행동까지 주님 앞으로 나아가는 믿음이 필요합니다. 그런 사람에게 주님의 구원이 임합니다

1. 예수님을 믿기 위해서 요구되는 것은 무엇입니까?(롬 10:8-13)

2. 삭개오가 예수님을 믿는 과정은 어떠했는지 말해 보십시오.(눅 19:1-10)

말씀의 사실 (지식)	▶	전인적 믿음 (마음과 의지)	▶	성령의 역사 (성령의 은사나 열매)	▶	감격과 삶 (개인적 감정과 삶의 변화)

3. 예수를 믿는 초대교회 성도들의 모습은 어떠했습니까?(행 2:37-47)

* 베드로가 전한 말씀(사실)→무리들의 마음이 찔려 우리가 "어

찌 할꼬" 함(믿음—마음)→회개하고 세례를 받음(믿음—의지)→성령을 선물로 받음(은사와 열매, 성령의 역사)→기쁨과 찬미와 모임과 나눔(구원의 감격과 삶)

*믿음과 성령의 역사와 구원의 감격과 체험과 삶(인간에게 해당되는 것)은 모두 말씀(하나님에게 속한 것)에서 나옵니다.

02

2. 구원 받은 것을 확증하는 방법

구원을 받았으면서도 왜 자꾸 구원의 확신이 흔들릴까요? 그것은 구원의 확신에 대한 오해 때문입니다. 성경에서 말하는 구원의 진리가 아닌 잘못된 구원에 대한 생각과 고정관념이 구원을 흔들리게 합니다. 이것을 찾아 성경을 통하여 바르게 교정하면 구원의 확신은 자연스럽게 다가오게 될 것입니다.

첫째, 말씀에 근거하라—외적인 증거

구원의 확신은 하나님의 말씀의 권위에 근거해야 합니다. 개인적인 체험이나 감정, 보이는 현상을 통하여 구원을 확신하는 것은 올바르지 않습니다. 그것은 인간에게서 오는 것이기에 수시로 변합니다. 그것을 의지하면 구원의 확신이 흔들리게 됩니다. 그러나 하나님의 말씀에 의지하여 구원의 확신을 가지면 상황이나 개인의 체험에 따라 구원이 변하는 현상이 생기지 않습니다.

1. 구원의 사실에 대한 말씀(요 1:12, 3:16)

2. 구원의 근거에 대한 말씀(벧전 1:23-25)

3. 구원의 증거에 대한 말씀(요일 5:9-13; 고후 13:5)

둘째, 성령의 체험이다—내적인 증거

성령이 역사하시면 성경이 하나님의 말씀이며 생명의 말씀임이 믿어지게 됩니다. 나의 노력으로 되는 것이 아닙니다. 예수님이 나를 위해 죽으신 사실이 믿어지면서 하나님을 아바 아버지라고 부르게 되는 체험이 있으면 나는 구원 받은 것입니다. 예배를 드리고 싶어지고, 말씀을 보고 싶고, 찬양과 기도를 하고 싶어지는 것은 이미 성령이 내 안에 거하신다는 증거입니다. 그것은 인간의 힘이나 의지로 되는 것이 아니고 전적으로 성령을 통하여 일어난 역사이기 때문입니다.

1. 예수를 구원자로 믿으면 내적으로 어떤 현상이 나타납니까? (롬 8:14-16)

셋째, 삶의 변화이다—생활의 증거

정말 내가 하나님의 자녀가 되었고 구원을 받았다면 나의 삶은 구원 받기 이전의 삶과는 분명 달라야 합니다. 다른 사람들에게

02

나의 변화된 모습이 자연스럽게 나타나면 그것은 내가 구원 받은 증거가 됩니다. 하나님에 대한 자원하는 마음이 생기면 이미 내 안에 생명이 들어와 있는 것입니다. 나의 삶에서 성령의 열매를 점차 맺게 됩니다.

1. 그리스도를 믿게 되면 어떤 삶의 변화가 나타납니까?(롬 5:1-5)

• 구원에 관한 몇 가지 오해에 대한 해결책 •

1. 구원은 인간의 선한 행위로 이루어진다?

(엡 2:8-9):

2. 죽을 때 혹은 죽은 후에 구원을 받는다?

(요 5:24, 6:47) :

3. 구원은 변경되거나 취소될 수 있다?

(롬 11:19; 요 13:1, 6:37,10:28-29):

• 성경을 통해서 날마다 우리의 구원을 확신하라.(요 20:31)

3. 구원 이후

03

구원 이후

그리스도인에게는 구원 받은 것만큼 구원 받은 이후의 삶의 모습도 중요합니다. 많은 그리스도인들이 구원을 받았지만 구원 이후의 삶은 실패함으로 신앙생활의 즐거움을 누리지 못하는 경우가 많습니다. 구원 받았다는 것은 죽어서 천국에 가는 것 이상의 의미가 있습니다. 그리스도인은 이 땅에서도 천국을 경험하고 천국을 건설하는 일을 해야 합니다.
이것을 이루기 위해서 어떻게 해야 할까요?

나를 괴롭히는 정체를 파악하라

구원 받은 사람은 이제 새로운 삶을 살아야 합니다. 구원 받기 이전으로 돌아가면 안 됩니다. 우리의 육신은 아직 완전하게 구원을 받지 않았기에(죄로 태어난 육신이기에) 구원 이후에도 여전히 육신의 지배를 받으며 자꾸 옛 모습으로 돌아가 익숙한 옛날의 모습에 쉽게 끌려 살게 됩니다. 그리고 그것이 지금 나의 모습이라고 착각합니다. 그러나 그런 옛사람은 이미 십자가에서 죽었습니다. 그것이 더 이상 나의 삶을 지배하게 해서는 안 됩니다. 우리의 육신이 약하기에 쉽지 않을 것입니다. 마음으로는 하나님을 따르지만 육신으로는 세상을 따라가는 상황이 생깁니다. 이것은 구원 받은 그리스도인의 한결 같은 고민입니다. 그러나 이것의 정체를 분명히 안다면 이길 수 있습니다.

1. 사도 바울이 가진 신앙생활의 고민은 무엇이었습니까?(롬 7:15-25)

옛사람 ← 대적관계 → 새사람

• 옛사람의 정체

(예수 믿기 이전의 나의 모습입니다. 이 정체를 분명히 알 때 우리는 더 이상 옛사람에 지배 당하지 않게 됩니다.)

존재와 결과의 상태

1. 죄로 인해 죽은 사람입니다.(엡 2:1)
2. 이 세상의 풍속을 좇는 사람입니다.(엡 2:2)
3. 악한 영, 즉 공중 권세 잡은 자들의 지배를 받고 사는 사람입니다.(엡 2:2)
4. 육체의 욕심을 따라 지내는 사람입니다.(엡 2:3)
5. 이미 하나님의 심판을 받은 사람입니다.(요 3:18)

03

6. 빛보다 어둠을 더 사랑하는 사람입니다.(요 3:19)
7. 하나님의 진노가 그 위에 머물러 있는 사람입니다.(요 3:36)

마음의 상태

1. 기본적으로 부패한 마음입니다.(렘 17:9)
2. 나쁜 생각을 가지고 있습니다.(막 7:21-23)
3. 마음이 하나님을 떠나 합당치 못한 일을 계속 행합니다.(롬 1:28-32)

새로운 나의 정체성을 매순간 재확인하라

우리는 육신의 욕심과 옛 성품을 없앨 수 없습니다. 어떻게 하면 옛 욕심을 이루지 않고 새로운 모습으로 살아갈 수 있을까요? 그것은 새로운 성품을 사모하고 새로운 나의 모습을 재확인해야 가능합니다. 그렇게 함으로 새롭게 자신의 정체성을 세워 나갈 수 있습니다. 금방 습득하긴 어렵지만 말씀을 통하여 계속 자기 확인을 해 나가면 점차 익숙하게 될 것입니다. 이런 일을 계속 해나간다면 어느 순간에 나는 새로운 모습으로 충만하게 될 것입니다. 생각하는 것과 행동하는 것이 자연스럽게 나에게 정착될 것입니다.

1. 새롭게 태어난 나는 삶의 방향을 어떻게 잡아야 합니까?(갈 5:16-18)

매순간 묵상해야 할 구원 받은 나의 모습과 상태

(성경구절을 찾아 확인해보세요)

1. 나는 죄에서 돌아와 마음을 하나님께로 바꾸었다.(고후 5:17)
2. 하나님께로부터 죄 용서함을 받았다(과거, 현재, 미래).(엡 1:7)
3. 의로운 사람이라 하나님께 인정을 받았다.(롬 3:24)
4. 영적으로 다시 살아났다.(엡 2:1)
5. 다시 태어났다.(요 3:3)
6. 영원한 사망에서 영원한 생명으로 옮겨졌다.(요 5:24)
7. 하나님의 형벌의 심판에서 면제되었다.(롬 8:1)
8. 멸망치 않고 영생을 얻었다.(요 10:28)
9. 천국에 들어가게 되었다.(딤후 4:18)
10. 하나님과 하나 되었다.(엡 2:14)
11. 영생복락을 누리게 되었다.(계 21:4)
12. 한 번 받은 구원은 결코 잃어버리지 않는다.(요 10:28-29)
13. 성령을 받았다.(고전 12:3)
14. 하나님을 아버지라 부르게 되었다.(갈 4:6)
15. 하나님의 아들이 되었다.(갈 3:26)
16. 하나님의 유업을 잇는 상속자가 되었다.(갈 4:7)
17. 예수 안에서 선한 일을 할 수 있는 능력을 얻었다.(엡 2:10)
18. 하나님과 화평을 누림으로써 기쁨과 사랑으로 살아갈 수 있게 되었다.(롬 5:1)

03

바뀐 나의 새로운 주인을 늘 바라보라

우리가 예수님을 영접했다고 하는 것은 예수님이 내 안에 주인으로 들어오셨음을 의미합니다. 우리는 예수님을 우리의 주인으로 영접했지 종으로 영접하지 않았습니다. 그럼에도 많은 그리스도인은 여전히 자기가 주인이었던 이전 삶을 고수하고 있습니다. 예수님이 내 마음의 주인이 되지 못하고 있습니다. 이렇게 되면 예수를 믿어도 삶은 좀처럼 변화되지 않습니다. 이제 새로운 주인을 영접한 나의 삶은 새로운 패턴으로 전환되어야 합니다. 그리스도인은 나 자신이 아닌 주인이신 주님을 늘 바라보면서 살아야 합니다.

1. 이제 나는 누구의 것입니까?(고전 3:23)

2. 이제 내가 살아가는 것은 누가 사는 것입니까?(갈 2:20)

3. 이제 나는 누구의 종입니까?(고전 7:22-23)

4. 이제 나의 호칭은 무엇입니까?(빌 1:1)

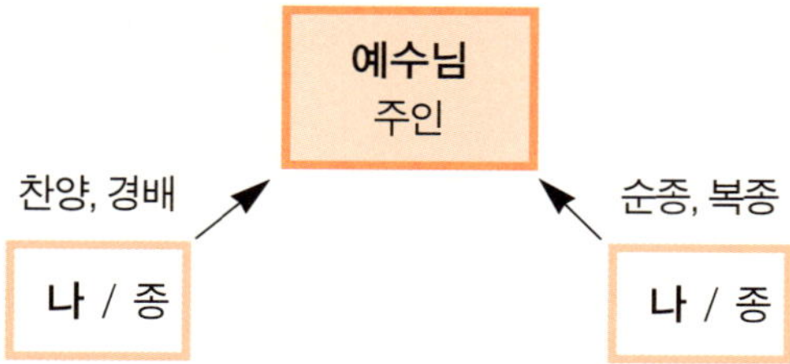

달라진 새로운 삶을 꿈꾸라

나의 주인이 바뀌면 당연히 나의 삶도 달라지게 됩니다. 새로운 사람은 새로운 삶의 스타일이 있습니다. 그리스도인이 된 우리는 이 새로운 스타일에 익숙해야 하고 이것으로 새롭게 무장해야 합니다. 옛것을 벗어버리고 새로운 옷을 입어야 합니다. 달라진 그리스도인의 인생관을 정리해보면 다음과 같습니다. 그리스도인들은 다음에 소개되고 있는 달라진 자신의 모습을 상상하면서 점차 자신의 삶에 자리 잡도록 해야 합니다.

1. 나의 삶의 방향은 무엇입니까?(골 3:1-3)

2. 나의 인생의 목표는 무엇입니까?(고전 10:31; 롬 14:8)

3. 내가 살아가는 삶의 태도는 어떠해야 합니까?(골 3:23)

03

4. 삶 가운데 급히 결정해야 하는 문제가 있다면 어떻게 해야 합니까?(롬 8:14)

5. 인생을 살아가는 힘은 어디서 공급을 받아야 합니까?(벧전 4:11)

6. 달라진 나의 인간관계의 모습은 무엇입니까?(고전 10:24)

7. 나의 몸(육신) 관리는 어떻게 해야 합니까?(고전 3:16-17)

세 종류의 사람

1. 자연인 – 예수를 믿지 않는 사람

예수를 믿지 않는 불신의 세상 사람들을 의미합니다. 영적으로는 죽은 상태의 사람들입니다. 그들은 육신이 죽은 후 영원한 형벌을 받게 되는 불쌍한 사람들입니다. 살아 있으나 실상은 죽은 사람들입니다. 짧은 80~90여 년의 인생을 가치로 삼고 그것을 즐기다가 영원히 사라지는 안개와 같은 삶입니다. 그들의 마지막은

허무하고 아무것도 남는 것이 없습니다. 그들은 죽음 이후에 관심을 두기보다는 이 땅에 잠시 있는 세상에 미련을 두고 그것을 성공 가치로 두면서 살아갑니다. 이런 사람은 죄의 심판을 기다리는 사람들로 그들 위에는 하나님의 진노가 머물러 있습니다.

2. 육신적인 그리스도인─육신의 지배를 받는 그리스도인

예수를 영접했으나 아직 예수님을 주인으로 모시지 않은 사람은 육신에 이끌리어 사는 그리스도인입니다. 죽어서 천국은 가지만 세상에서 천국을 누리지 못하고 살아갑니다. 하나님의 나라보다는 세상 나라에 더 재미를 두고 살아가는 반쪽짜리 그리스도인입니다. 늘 하나님과 세상 양편을 품고 사는 사람들로서 많은 그리스도인들이 여기에 해당됩니다. 그리스도인이면서 그리스도의 마음과 생각을 갖지 못하고 선한 열매를 맺지 못함으로 인해 세상 사람들에게 비난을 받으면서 살아가는 사람들입니다. 주님을 주인으로 모시고 살면서도 여전히 옛 모습에 미련을 두고 살아가는 사람들입니다(고전 3:1-3).

3. 성령충만한 그리스도인─성령의 지배를 받는 그리스도인

성령이 내 속에서 주인이 되어 내 모든 삶을 주관하는 사람입니다. 이런 사람을 그리스도인이라 말합니다. 그리스도에게 속해 있는 사람으로 하나님의 뜻에 복종하면서 살아갑니다. 주님에게 의사결정을 맡기며 늘 순종하고 그의 음성 듣기를 즐겨합니다. 이런 사람은 성령의 능력에 지배받음으로 위대한 하나님의 역사를 이루어냅니다. 이것은 모든 그리스도인이 꿈꾸는 모습입니다.

4. 로드십(Lordship)

04

로드십(Lordship)

로드십(Lordship)을 꿈꾸라

로드십(Lordship)은 주님이 주도하는 삶을 의미합니다. 그리스도인의 주인은 예수 그리스도입니다. 그리스도인은 나의 주인이 주님이심을 인정하고 매일의 삶에서 주인을 드러내는 삶을 살아야 합니다. 그렇게 할 때 진정한 그리스도인이라 말할 수 있습니다. 주인을 주님으로 바꾸지 않았다면 나에게서 주님의 역사는 기대하기 어렵습니다. 주님은 인격적인 분이기에 내가 자발적으로 주님을 주인으로 높여 드리기 전에는 주님이 강압적으로 내 삶을 이끌어가지 않습니다. 탄식하면서 나의 삶을 주님에게 완전히 양도할 그날을 위해 기도하고 계십니다.

주인의 자리를 내어 드리는 것은 대단한 결단이 요구됩니다. 또 주님을 주인으로 모시고 살기로 결단했다 할지라도 이것이 나의 삶에 정착하기까지는 많은 기간이 요구됩니다. 이제부터는 내가 나의 인생을 이끌어가는 것이 아니라 주님이 나를 이끌어가도록 주인 자리를 내려놓아야 합니다. 세상은 리더십(Leadership)을 꿈꾸지만 그리스도인은 로드십(Lordship)을 꿈꿉니다. 내가 나를 이끌어 가는 인생은 불안하고 불행하지만 주님이 나를 이끌어가는 삶은 행복합니다.

1. 우리는 누구의 것입니까?(롬 14:7-10)

생각과 마음을 드림으로 - 그리스도를 나의 주인으로 인정하라

1. 예수님은 나의 삶에서 어떤 분이십니까?(골 1:15-18)

2. 모든 것의 주인은 누구이십니까?(롬 11:36)

3. 나의 생각을 어떻게 해야 합니까?(고후 10:5)

4. 나의 마음을 어떻게 해야 합니까?(빌 2:5)

04

5. 나의 입으로 그리스도를 어떻게 고백하면서 살아야 합니까?(빌 2:11)

생각과 마음에서 주님을 먼저 인정해야 합니다. 그리고 그 사실을 사람들 앞에서 인정하고 과감하게 선포해야 합니다. 주님을 나의 주님으로 시인하는 삶이 될 때 주님이 나의 삶을 이끌어갑니다. 그러나 내가 이것을 시인하지 않으면 주님은 나를 더 이상 인도하지 않습니다. 정말 주인으로 모셔 들였으면 나의 삶에서 그분을 나의 주인으로 인정해야 합니다. 오늘도 주님은 이것을 간절히 원하고 있습니다.

6. 요한계시록 4:11을 읽고 이 말씀을 토대로 주님의 주인 되심에 대한 나의 결심 기도문을 작성해 보십시오.

몸을 드림으로 - 그리스도를 나의 주인으로 인정하라

1. 나는 어떻게 해서 하나님의 소유가 되었습니까?(고전 6:19-20)

2. 주님을 주인으로 모신 그리스도인은 자기의 몸을 어떻게 사용해야 합니까?(롬 12:1)

3. 그리스도인의 바람직한 생활지침을 말해 보십시오.(롬 13:13-14)

그리스도인의 모든 것은 다 하나님의 것입니다. 십자가의 피를 주고 산 거룩한 존재입니다. 때문에 마음뿐 아니라 육체도 자기의 정욕대로 사용해서는 안 되고 주님이 원하시는 모습으로 육신을 사용해야 합니다. 몸으로 하나님께 영광 돌리는 삶을 살아야 합니다.

생활을 드림으로 – 그리스도를 나의 주인으로 인정하라

마음과 생각과 몸을 주님께 드리겠다고 결심했다면 이제 생활 속에서 그것을 실천해야 합니다. 그렇게 함으로써 세상 속에서 나의 주인이 그리스도가 되심을 입증하게 될 것입니다. 그리스도인은 살아가는 모든 영역에서 그리스도가 주인이 되도록 해야 합니다.

단번에 모든 것을 드리기 어렵다 할지라도 점차 생활의 영역이 그리스도가 주인이 되는 모습으로 발전해야 합니다. 나의 생활을 주님이 통치하면 그것이 곧 하나님의 나라가 임하는 것이 됩니다. 그러나 내가 나의 생활을 주관하면 결코 행복할 수 없습니다. 하나님이 나의 생활을 세울 때 든든히 서 나갈 수 있습니다.

04

1. 나의 생활을 성공적으로 이끌기 위한 실천 원리는 무엇입니까?(벧전 5:6-7; 시 127:1-2)

2. 나의 생활에 그리스도가 주인이 되심을 알아보는 방법은 무엇입니까?(눅 6:46-47)

3. 그리스도인의 모든 삶은 어떤 결과로 나타나야 합니까?(고전 10:31)

4. 현재 나의 삶의 영역에서 누가 주인인지 점검해 보십시오.

삶의 영역	주인은 누구인가?	삶의 영역	주인은 누구인가?
여가		자녀	
공부		비전	
결혼		나 자신	
가정		기타	
직장			
돈			
소유물			

나의 주인이 주님이 되기 위해서 우리가 해야 할 일은?

1. 하나님의 선한 뜻을 찾으십시오.(고후 5:9; 롬 12:2)

2. 주님에게 자신과 모든 것을 드리십시오.(눅 9:23-24)

3. 나의 삶은 하나님의 손아래 있음을 인정하십시오.(전 7:13-14)

4. 불순종이 아닌 순종을 선택하십시오.(롬 5:19)

아직 주님께 드리지 않았다면 주님이 나의 완전한 주인이 되신 것은 아닙니다. 주님이 진정한 주인이 되기 위해서 나의 삶을 온전히 드리도록 해야 할 것입니다.

주님이 나의 주인이 되게 하는 길은 말씀을 지키고 순종하는 일이다

주님을 내 삶의 주인이 되게 하기 위해서 주님의 뜻에 전적으로 순종하는 것이 필요합니다. 하나님의 진리에 순종하는 것이 곧

04

나의 삶에 주님을 주인으로 모시는 일입니다.

1. 주님이 우리의 눈에 보이도록 주신 것은 무엇입니까?(요 1:1)

2. 진리에 순종하면(내 삶의 주인이 주님이 되면) 나에게 어떤 유익이 생깁니까?(벧전 1:22)

3. 우리가 주님의 말씀에 순종하면 어떤 축복을 받게 됩니까?(요 14:23, 15:10-11)

4. 주님이 나의 삶에 주인이 되시면 어떤 삶의 변화가 일어납니까?(빌 4:6-7)

주님은 오늘도 말씀으로 우리에게 다가옵니다. 말씀이 우리의 모든 생활에 주인이 되도록 한다면 그것이 곧 주님이 주인이 되는 일입니다. 진리가 우리 안에 거하면 진리의 말씀이 우리를 진정으로 자유케 할 것입니다. 우리의 생각과 마음이 주님의 뜻에 따라 움직이게 될 것입니다. 성경은 크게 보면 주님의 뜻에 순종하면서 주님에게 주도권을 내어 드린 사람들(예, 다윗)과 자기가 중심이 되어서 산 불순종의 사람들(예, 사울)의 이야기로 나눌 수 있습니다. 성공적인 그리스도인은 나 자신을 주인이신 주님에게 내어 드리는 순종의 삶을 사는 것에 목표를 두는 사람입니다.

*우리가 살아가면서 어느 때 나 자신이 주인인 것을 느끼며, 또 어느 때 주님이 나의 주인인 것을 느끼는지 말해 보십시오.

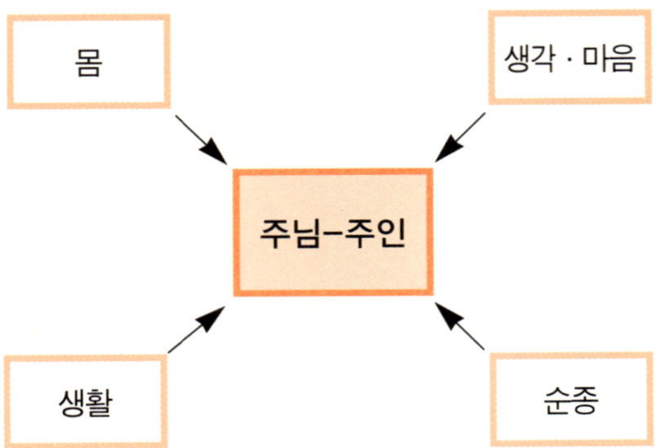

5. 성경

05

성경

신앙생활은 하나님을 얼마나 잘 아느냐에 따라 달라집니다. 하나님을 아는 것은 단번에 해결될 일이 아닙니다. 왜냐하면 하나님은 인간의 생각을 초월하기 때문입니다. 하나님의 생각과 마음을 알기에는 인간이 너무나 부족합니다.

어떻게 하면 하나님을 잘 알 수 있을까요? 그것은 성경을 통해서 알 수 있습니다. 성경은 하나님이 인간에게 주신 보물입니다. 그리스도인이 하나님을 알기 위해서는 가장 먼저 성경을 가까이 해야 합니다. 성경 안에 하나님에 대한 모든 것이 다 기록되었습니다.

성경은 하나님에 대한 내용이지만 인간에게 꼭 필요한 생명이 들어 있습니다. 성경에 대한 것을 간단하게 정리하면 다음과 같습니다.

영혼의 양식 - 성경

1. 영과 육으로 구성된 사람을 생존하게 하는 두 가지는 무엇입니까?(마 4:4)

2. 성경은 어떤 책입니까?(딤후 3:15-16)

3. 성경의 중심인물은 누구입니까?(요 5:39)

4. 성경을 기록한 목적은 무엇입니까?(요 20:31)

5. 우리가 하나님을 사랑하는 방법은 무엇입니까?(요 14:21, 23-24)

6. 성경이 가진 위대한 힘은 무엇입니까?(히 4:12)

05

7. 성경은 우리에게 어떤 유익을 줍니까?(벧전 2:2; 시편119:105)

8. 우리가 말씀을 지키면 무엇을 알게 됩니까?(요일 3:24)

9. 우리의 축복과 저주는 성경을 통해서 결정됩니다. 인간은 성경의 말씀을 어떻게 해야 합니까?(신 28:1-10, 15-24)

성경은 66권의 책으로 구성되었으며 약 1500여 년 동안 40여 명의 저자들이 썼습니다.
구약성경은 히브리어로, 신약성경은 헬라어로 쓰였습니다. 지금 우리에게 있는 성경은 번역된 성경으로서, 성경의 원본은 없고 여러 사본들만 존재합니다.

성경을 대하는 방법 - 말씀의 손

자, 그러면 우리가 성경을 어떻게 나의 것으로 만들 수 있을까요? 성경을 삶에 적용하기 위해서는 듣기, 읽기, 공부, 암송, 묵상 등 다섯 가지 방법을 따르면 됩니다. 이것은 믿음의 선진들이 오랫동안 해왔던 방법이며, 또 성경이 소개하고 있는 성경을 대하는 방법입니다. 이 중에 어느 하나를 선택하기보다는 다섯 가지를 모두 균형 있게 터득하여 점차 나의 것으로 만들어야 합니다.

1. 듣기

들어야 말을 할 수 있습니다. 들음은 모든 교육에서 기본입니다. 믿음도 들음에서 납니다. 잘 듣지 못하면 믿음이 자라지 않습니다. 잘 듣는 사람이 믿음도 빨리 자랍니다. 듣되 좋은 것을 들어야 합니다. 신앙을 세우는 데 있어 가장 먼저 해야 할 일이 진리인 성경 말씀을 듣는 것입니다.

1. 들음에 대한 성경적 지침은 무엇입니까?(롬 10:17)

2. 이스라엘의 신앙교육의 시작은 무엇입니까?(신 6:5)

귀가 있다고 다 듣는 것이 아닙니다. 들을 수 있는 귀를 가져야 합니다. 그렇지 못하면 글자만 알 뿐 의미를 파악하지 못하고 죽은 것이 됩니다. 듣는 것은 마음에서 이루어집니다. 마음이 바르지 못하면 아무리 좋은 말도 들리지 않습니다. 잘 듣기 위해서는 좋은 마음이 되도록 해야 합니다.

3. 마음의 종류는 무엇이며 좋은 마음이란 어떤 것인지 말해 보십시오.(눅 8:10-15)

05

듣는 것이 가장 쉬운 일이라고 생각되지만 실상은 결코 쉽지 않습니다. 잘 듣는 훈련을 해야 합니다. 그렇지 않으면 오히려 강퍅해지면서 잘 듣지 못하게 됩니다. 오해는 잘못 듣는데서 생깁니다. 시험에 드는 것도 잘 듣지 못하는데서 일어납니다.

우리는 주일예배 때 설교를 듣거나 방송이나 테이프를 통하여, 말씀을 가르치는 일에 참여하면서 말씀을 접합니다. 신앙이 자라기 위해서는 말씀을 들을 수 있는 곳에 적극적으로 참여하여 많이 들어야 합니다. 결국 들은 것이 나오게 되어 있습니다. 좋은 말씀을 마음에 많이 저장해 놓으면 나중에 놀라운 역사를 일으키는 힘이 됩니다.

2. 읽기

성경을 스스로 찾아서 읽는 적극적인 자세가 필요합니다. 성경을 읽을 수 있다는 것은 큰 축복입니다. 이스라엘 사람들이 히브리어를 배우는 목적은 성경을 읽기 위해서라고 합니다. 언어를 배워 가장 먼저 읽는 책이 성경입니다. 가장 먼저 읽어 보고 싶은 책이 성경이 된다면 얼마나 좋을까요? 매일 성경을 읽되 쉬지 말고 매일 밥을 먹듯이 생활화하는 것이 중요합니다. 음식은 육신의 양식이지만 말씀은 영혼의 양식이므로 정해진 분량에 따라 성경을 읽는 습관을 가져야 합니다.

1. 어떤 사람에게 하나님의 복이 임합니까?(계 1:3)

요즈음은 성경통독이라는 프로그램으로 성경 읽기를 권장하고 있습니다. 성경을 읽는 것이 생각처럼 쉽지 않습니다. 처음 성경을 읽기에는 어려운 내용들이 많이 있습니다. 그러므로 안내를 받아서 성경을 읽는 것이 필요합니다. 성경통독 안내서나 교회 지도자를 통하여 간단한 배경과 목적과 특징을 숙지하고 성경을 읽으면 좋습니다. 성경은 역사적인 배경 속에서 쓰인 책이기에 지식이 없이 그냥 읽으면 흥미가 없고 지겹게 느낄 수 있습니다.

3. 공부

성경을 공부하는 것은 읽는 단계에서 한 단계 더 나아가는 것입니다. 성경의 의미를 파악하고 공부하면서 읽는 것입니다. 가능하면 따로 시간을 내어 정기적으로 공부하는 것이 좋습니다. 성경공부를 할 수 있는 교재의 도움을 받아도 좋습니다. 관주성경은 성경연구에 도움이 됩니다. 성경은 각 구절이 쇠사슬처럼 연결되어 있기에 성경 자체를 가지고 공부하는 것이 가장 좋은 방법입니다. 성경이 성경을 해석하는 것입니다. 성구사전 등을 통하여 어려운 단어들을 해결하면서 공부하되 귀납적인 방법을 사용하면 도움이 됩니다. 예를 들면, 본문을 관찰하고 그것에 대한 의미를 생각하는 해석과정을 거쳐서 삶에 적용하는 단계로 나아가면 됩니다. 이것에 대한 지침서를 통하여 안내를 받으면 좋습니다.

1. 성경을 공부하는 자세는 어떠해야 합니까?(잠 2:1-5)

2. 베뢰아 교인들이 성경을 상고하는 모습을 말해 보십시오.(행 17:11)

05

*이야기대화식 성경공부방법

필자가 제시하는 성경공부 방법으로 성경을 단순히 문자를 넘어 사건과 이야기로 이해하면서 보는 것입니다. 이렇게 되면 성경은 살아서 움직이게 됩니다. 그리고 그 말씀을 나와 관계 맺는 방법으로 대화를 하는 것입니다. 질문을 던지면서 성경을 연구하게 되면 그냥 읽는 것에서 보지 못하는 많은 것들을 볼 수 있는 강점이 있습니다. 그리고 흥미가 생기면서 성경공부가 즐거워집니다.(참조. 이대희,《이야기 대화식 성경연구》, 엔크리스토 간)

4. 암송

암송은 성경을 읽고 공부한 것 중에서 중요하다고 생각하는 구절들을 마음판에 새기는 일입니다. 말씀을 마음에 담는 일이 암송입니다. 말씀을 암송하고 마음에 담아 두면 어려움이 생길 때 큰 힘이 되고 나를 지켜 주는 등불과 같은 것이 됩니다. 또 암송하는 것은 집중력에도 도움이 되는데, 말씀에 집중하면서 하나님에 대한 생각이 깊어지게 됩니다.

하루에 한 구절씩 혹은 일주일에 두세 개씩 계속 암송하면 말씀이 우리 속에 거하기 때문에 점차 말씀과 함께하는 삶을 살게 됩니다.

1. 예수님은 사탄의 시험을 무엇으로 이겼습니까?(마 4:1-10)

2. 죄악에 빠지지 않기 위해서는 어떻게 해야 합니까?(시 119:9, 11)

3. 우리 마음속에 무엇을 가득 채워야 합니까?(골 3:16)

어려울 때 나의 마음에 암송하여 담아 둔 말씀은 큰 힘이 됩니다. 미래를 위해서 많은 말씀을 암송하여 준비해두면 마음이 평안할 것입니다. 그리고 악한 세상 것들이 우리 마음에 들어오지 못할 것입니다.

5. 묵상

묵상은 말씀을 깊게 생각하며 마음에 되새기는 것입니다. 말씀이 삶에 적용되기 위해서는 말씀의 의미를 깊게 묵상해야 합니다. 말씀이 삶에 적용되지 못하는 이유는 그 말씀을 묵상하지 않았기 때문입니다. 요즈음에 많이 하고 있는 큐티가 이것에 해당됩니다.

묵상은 성경을 읽으면서, 공부하면서, 암송하면서 할 수 있는 것으로 모든 곳에 사용됩니다. 소가 음식물을 되새김질 하면서 소화시키듯 묵상은 말씀을 나의 것으로 만드는 되새기는 과정입니다. 묵상은 말씀에 집중할 때 생깁니다. 그리고 나의 삶과 연관하여 묵상할 때 의미가 있습니다. 성경을 읽고 공부하고 암송한 것을 생활 속에서 묵상하여 그 의미를 되새길 수 있습니다. 묵상은 어느 한 장소에서만 하는 것이 아니고 모든 생활에서 할 수 있다는 점에서 폭이 넓습니다.

05

1. 하나님의 말씀을 어떻게 묵상해야 합니까?(시 1:1-2)

2. 묵상하는 자에게 주시는 축복은 무엇입니까?(수 1:8)

3. 하나님의 말씀을 묵상하면 나의 삶은 어떻게 변화됩니까?(눅 6:45)

좋은 그리스도인이 되기 위해서는 삶에 하나님의 말씀이 가득하도록 해야 합니다. 앞에서 소개한 다섯 가지 방법들을 각자의 삶에 잘 적용하면 신앙이 잘 자라게 될 것입니다. 생각에서만 그치지 말고 구체적으로 계획을 세워서 실천하는 것이 중요합니다. 혼자서는 하기 어렵기 때문에 교회 공동체 속에서 함께 하도록 하는 것도 한 방법입니다. 나의 생활에 정착하기까지는 주변에 도와주는 동역자들이 필요합니다.

* 성경을 가까이하기 위한 효과적인 계획들을 세워 보고 함께 생각을 나누십시오.

성경을 대하는 방법	주간 계획	실천을 위한 도움 사항
들음		
읽음		
공부		
암송		
묵상		

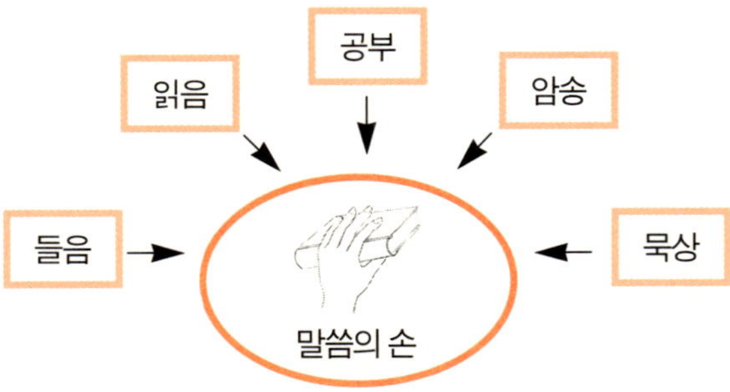

6. 기도

06

기도

하나님의 자녀인 그리스도인이 아버지 하나님과 대화하는 것을 기도라고 말합니다. 기도는 영적인 호흡과도 같습니다. 그리스도인은 자기 안에 계신 주님과 늘 호흡하듯이 대화하며 살아가는 사람입니다. 우리는 기도를 통해서 주님과 대화를 나눌 수 있습니다. 물론 이 대화에는 많은 내용들이 포함됩니다. 우선 기도를 이해하기 위해서는 그리스도인의 기도와 다른 기도의 차이점을 살펴보아야 합니다. 기도라는 단어는 모든 종교에 있는 보편적인 종교 용어입니다. 그러나 기도한다고 다 같은 기도는 아닙니다.

기도는?

1. 기도는 인격적인 하나님에게 드리는 것입니다.

기도는 인격적인 하나님과 관계가 있습니다. 그러나 세상의 기도는 물체적인 것을 향해(우상들) 기도합니다. 하나님이 아닌 다른 우상들에게 기도하는 것은 독백이며 일방적인 행위이고, 쌍방의 대화로서의 기도가 이루어지지 않습니다. 이런 기도는 죽은 기도입니다. 대상이 죽은 기도는 그리스도인의 기도가 아닙니다. 우리 기도는 오늘도 살아계셔서 역사하는 하나님과의 만남입니다.

2. 기도는 단순히 구하는 것만 해당되지 않습니다.

우리가 기도를 통해서 가장 먼저 가져야 할 것은 하나님과의 관계입니다. 기도를 통해서 끊어진 하나님과의 만남을 돈독하게 하는 것이 가장 큰 목적입니다. 그 속에 구하는 것이 들어 있습니다. 기도는 관계입니다. 기도를 많이 할수록 하나님과의 관계는 더욱 돈독해집니다.

3. 기도는 삶입니다.

기도는 말을 되풀이하는 것과 다릅니다. 그리스도인의 기도는 모든 생활 속에서 기도하는 것을 지향합니다. 기도는 우리의 모든 삶 속에서 주님과 친밀한 대화를 가지며 삶을 변화시키는 것입니다.

4. 기도는 주문이 아닙니다.

진실된 기도를 해야 합니다. 이것이 중요합니다. 단순히 말만 반복하여 구하는 주문식의 기도는 힘이 없습니다. 기도는 하나님께 구체적인 내용을 아뢰고 하나님의 뜻을 묻는 것입니다. 기도를 통해 하나님의 뜻을 발견할 때 능력이 생깁니다.

06

기도의 특권

기도는 그리스도인에게만 주어진 특권입니다. 하나님을 아버지라고 부르지 않으면 기도할 수 없습니다. 하나님의 자녀의 권세를 받은 자만이 기도할 수 있습니다. 본능적으로 "하나님" 하고 기도하는 것은 진정한 기도가 아닙니다. 예수 이름을 믿는 사람은 예수 이름으로 구하는 특권을 얻어 기도해야 하고, 그런 기도를 하나님은 들어 주십니다.

1. 기도는 누구의 이름으로 하는 것입니까?(요 14:14)

기도의 대상

기도의 대상은 인격적인 하나님이십니다. 하나님, 예수님, 성령님을 모두 한 하나님으로 이해한다면 모두 기도의 대상을 삼을 수 있지만 바람직한 기도의 모습은 중보자 되신 예수님을 통하여 하나님께 기도하고, 내주하시는 성령님의 도우심으로 하나님께 영으로 기도하는 것입니다. 우리가 하나님께 기도할 때 예수님과 성령님은 함께 역사하십니다.

1. 우리가 기도할 때 예수님과 성령님의 역할은 무엇입니까?(롬 8:26-27, 34)

2. 죄를 지은 인간은 하나님께 나아갈 수 없습니다. 그럼에도 기

도할 수 있는 자격을 가지고 기도하게 됩니다. 왜 그렇다고 봅니까?(요 14:6; 딤전 2:5)

기도의 목적

왜 우리가 기도해야 합니까? 많은 사람은 기도를 자기를 위한 것으로 여기며 자기만족과 목표를 이루는 도구 정도로 생각하는 경향이 많습니다. 기도가 나의 목적을 이루어내는 도구가 되면 안 됩니다. 기도는 하나님의 뜻을 아는 것입니다.

1. 필요한 것을 얻기 위해서입니다.(마 7:7-8)

2. 우리가 그토록 간절하게 기도를 하는 이유는 무엇입니까?(요 14:12-13)

3. 기도를 통해 우리가 얻을 수 있는 가장 큰 유익은 무엇입니까?(빌 4:6-7)

06

기도의 자세

무엇이든지 동기와 자세가 중요합니다. 기도에 있어서도 바른 동기와 자세를 처음부터 지니는 훈련을 해야 합니다. 그런 기도에 하나님이 응답하시고, 좋은 것들로 채워 주십니다.

1. 기도에 있어서 바른 자세는 무엇입니까?(약 1:5-8)

2. 응답 받는 기도가 되기 위해서 염두에 두어야 할 사항은 무엇입니까?

약 4:3

요 15:7

요일 5:14-15

눅 18:1

마 21:21-22

모범 기도

기도의 모델이 되는 기도문은 주님이 가르쳐주신 주기도문입니다. 주기도문 안에는 우리가 염두에 두어야 할 기도의 모든 것이 다 들어 있습니다. 주기도문은 최고의 기도 모델입니다. 기도하기 어려울 때는 주기도문을 기초로 기도를 하면 됩니다.

1. 주기도문에서 발견되는 기도의 핵심 내용은 무엇입니까?(마 6:9-13)

기도의 방법 – 기도의 손

기도를 막상 하려면 어디서부터 어떻게 해야 할지 잘 모를 때가 많습니다. 기도를 하는 방법 가운데 다음 다섯 가지 순서대로 하면 도움이 됩니다. 손가락 다섯 개가 있듯이 이것을 기도의 길잡이로 사용하면 균형 있게 기도할 수 있습니다.

1. 찬양

기도는 하나님을 바라보는 데서 시작해야 합니다. 기도는 하나님께 도움을 구하는 것으로 겸손한 자만이 기도할 수 있습니다. 하나님의 성품과 특성을 묵상하면서 그것에 의지하여 기도할 때 힘이 납니다.

—시편 100편에 소개하고 있는 하나님은 어떤 분이십니까?

06

2. 고백

죄 있는 모습으로는 하나님께 기도해도 응답이 없습니다. 하나님께 무조건 기도한다고 응답받는 것이 아닙니다. 기도하는 사람의 모습이 진실하고 깨끗해야 합니다. 우리 스스로는 깨끗하게 할 수 없습니다. 그러나 우리의 죄를 고백하고 시인하면 십자가에서 피 흘리신 주님의 피의 은혜로 우리 죄를 용서해 주십니다.

—기도할 때 왜 우리의 죄를 고백하며 인정하는 것이 중요합니까?(사 59:1-2)

—우리가 죄를 고백하면 어떤 일이 일어납니까?(요일 1:9)

3. 감사

그동안 하나님이 베풀어 주신 은혜들을 생각하면 모든 것이 감사합니다. 받은 것에 대한 감사가 풍성할 때 하나님은 더 큰 것으로 채워 주십니다. 모든 일에 감사하면서 기도할 때 힘을 얻습니다. 하나님의 은혜를 기억하면 자연히 감사의 기도를 드릴 수 있습니다.

—그리스도인의 감사의 모습을 말해 보십시오.

엡 5:20

골 3:15-17

4. 중보

중보기도는 다른 사람을 위한 기도입니다. 왜 나의 기도보다도 다른 사람을 위한 기도를 먼저 해야 할까요? 그것은 내가 현재 존재하는 것도 알고 보면 다른 사람의 도움을 통해서이기 때문입니다. 다른 사람의 도움이 나의 존재보다 앞섭니다. 다른 사람의 필요를 구하는 기도를 하면 기도하는 순간에 저절로 감사와 기도의 응답이 생깁니다.

— 어떤 사람을 위해서 기도해야 합니까?

골 4:2-4

약 5:16

5. 간구

내가 필요한 내용을 구하는 것입니다. 사실 구해야 할 내용들이 많이 있을 것입니다. 사소한 것이라도 하나님께 구하면 들어주십니다. 사람과 환경을 통하여 놀랍게 응답될 것입니다. 일상생활

06

에 필요한 내용을 구하면 하나님은 좋은 것으로 채워 주십니다. 우리가 믿는 하나님은 나에게 무엇이 있어야 할지 잘 아십니다.

—우리가 원하는 것을 얻기 위해서 어떻게 해야 합니까?(마 7:7-8)

＊이 시간 하나님께 드리는 나의 기도문을 실제로 작성해 보십시오.

—찬양

—고백

—감사

—중보

—간구

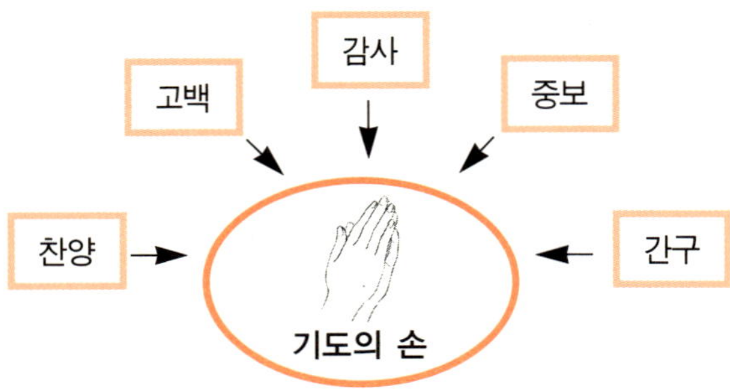

7. 교제

07

교제

교회는 건물이 아닌 사람들이 모이는 공동체를 의미합니다. 교회에서 가장 중요한 존재는 사람입니다. 각 사람을 말씀으로 세우고 하나님의 사람으로 만드는 일이 교회가 해야 할 사명입니다. 교제는 그리스도의 몸된 공동체에서 꼭 필요한 요소입니다. 얼마나 교제가 잘 이루어지느냐에 따라 교회 생명력이 결정됩니다. 몸이 순환이 잘될 때 건강한 몸이듯이 교회공동체의 교제가 잘될 때 건강한 교회가 됩니다. 그리스도인의 교제는 크게 두 가지가 있습니다. 하나는 하나님과의 교제요 다른 하나는 그리스도와 지체된 성도들의 교제입니다. 이 두 가지가 얼마나 잘 이루어지느냐에 따라 신앙의 성장이 결정됩니다.

하나님과 교제 - 예배를 통하여

그리스도인은 교회 공동체에 참여하여 하나님과 만나는 교제를 가져야 합니다. 그리스도인이 예배당에 가는 것은 예배를 드리기 위해서입니다. 예배를 통하여 우리는 하나님과 영적 교제를 가집니다. 그런 이유로 당연히 매주일 모여서 하나님께 예배를 드립니다.

그리스도인으로서 예배 생활은 가장 먼저 해야 하는 기본적인 삶입니다. 예배를 통해 하나님과 교제를 계속 가지지 않으면 신앙은 약해지며 세속적이 됩니다.

1. 예배는 하나님 앞으로 가까이 나아가는 것입니다. 이것을 통해 무엇이 나타납니까?(레 10:3)

2. 예배를 드릴 때 예배자의 자세는 무엇입니까?(요 4:24)

3. 시편 146편을 읽고 다음의 예배(찬양)에 대한 내용을 정리해 보십시오.

1) 우리가 예배하는 하나님의 모습은 무엇입니까?
2) 찬양하는 것은 곧 하나님을 예배하는 것입니다. 무엇으로 찬양하며 예배해야 합니까?
3) 예배를 통해 예배자는 점차 어떤 사람이 됩니까?

4) 예배를 통하여 받은 하나님의 은혜들을 열거해 보십시오.

4. 예배 속에 포함되어야 할 요소들을 말해 보십시오.(행 2:42)

07

성도들과 교제 - 교회생활을 통하여

그리스도인은 모두 한 형제입니다. 그리스도의 한 몸에 속해 있는 지체들입니다. 신앙생활은 교제를 통하여 성장하고 발전합니다. 교회에 모여 성도들과 교제를 가져야 합니다. 그렇지 않으면 믿음이 자라지 않고 진정한 믿음을 경험하지 못합니다. 살아 있는 건강한 교회가 되기 위해서는 먼저 교제가 활발하게 일어나야 합니다. 교회 안에서 교제가 활발하게 일어나지 않으면 교회의 생명력을 잃어가게 됩니다.

1. 그리스도인이 성도들의 교제에 꼭 참여해야 하는 이유는 무엇입니까?(선택이 아닌 필수사항)(롬 12:5)

2. 교제를 통하여 무엇을 이루게 됩니까?(엡 4:4)

3. 교회공동체에서 성도의 교제를 할 때 꼭 알아야 할 기본 원리는 무엇입니까?(엡 4:7)

4. 교제를 계속 지탱하게 하는 원동력은 무엇입니까?(요 13:34)

5. 교회공동체 속에서 교제를 할 때 유의해야 하는 사항은 무엇입니까?(살전 5:11)

교제가 필요한 다섯 가지 이유

교제는 관계를 이루는 좋은 도구입니다. 교제야말로 현대 교회에서 매우 중요한 요소입니다. 점차 이기적인 사회가 되어가는 상황에서 교회 안에서 하나님과 교제, 성도들의 교제를 갖는 것은 세상을 이기는 원동력이 됩니다.

—첫째 이유/ 영적으로 승리하기 위해서(전 4:9-12)

—둘째 이유/하나님의 뜻을 이루기 위해(마 18:19-20)

07

—셋째 이유 / 하나됨을 이루기 위해(엡 4:3)

—넷째 이유/ 교회의 몸을 세우기 위해(엡 4:12)

—다섯째 이유/ 영적으로 신앙이 자라가기 위해(엡 4:13, 16)

교제의 대상 – 교제의 오른손

그리스도인이 교제해야 할 대상들입니다. 우리의 손가락이 다섯 개 있듯이 교제에도 다섯 대상이 있습니다. 이것을 교제의 손이라고 말합니다. 교회 안에서 다섯 교제의 대상을 균형있게 가질 때 그리스도인으로서 온전한 모습을 지닐 수 있습니다.

1. 하나님(요일 1:3)
2. 믿음의 사람들(골 3:16)
3. 영적 지도자(갈 6:6)
4. 잘못을 저지른 형제들(마 18:15)
5. 연약한 성도들(고전 12:22-23)

교제의 방법 – 교제의 왼손

그리스도인의 교제는 세상 사람들의 교제와 다릅니다. 그리스도인의 교제는 구별되어야 하고 서로에게 유익이 되어야 합니다. 여기에 소개되는 내용은 교제를 구체적으로 할 수 있는 방법입니다. 모일 때마다 성도의 교제를 이런 방법으로 가질 수 있습니다.

1. 말씀으로(골 3:16)
2. 찬양으로(골 3:16)
3. 기도로(행 1:14)
4. 돌봄과 격려로(히 10:24-25)
5. 나눔과 봉사로(행 2:44-45; 엡 4:12)

*신앙을 자라게 하는 나의 교제의 삶을 계획해 보세요.

	하나님과 관계	성도들과 관계
교제 내용	예배/ 기도회/ 성경공부반	봉사모임/ 교제모임/ 소그룹모임
교제 시간		
참여 대상		
교제방법		

07

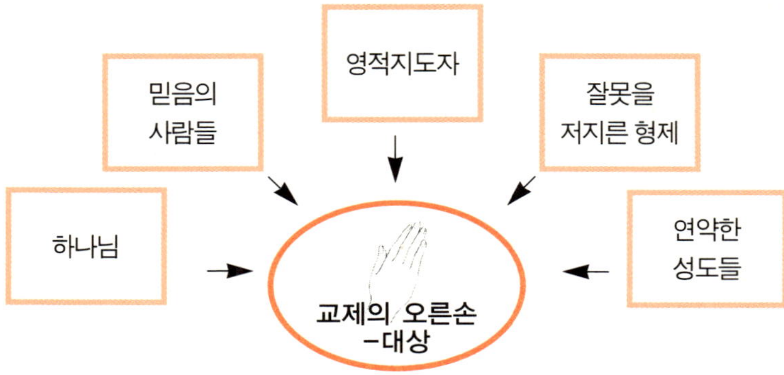
영적지도자
믿음의 사람들
잘못을 저지른 형제
하나님
연약한 성도들
교제의 오른손 –대상

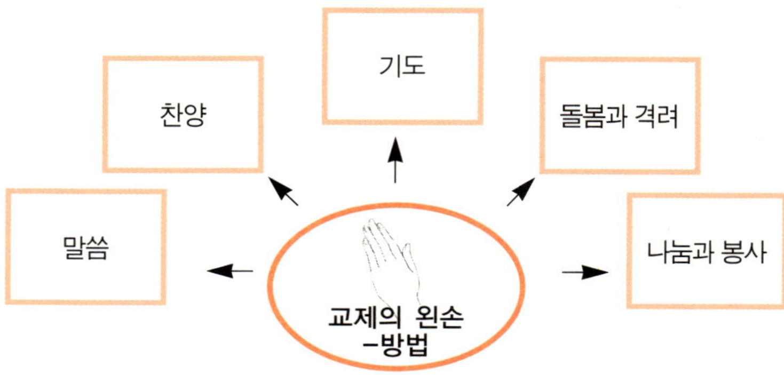
기도
찬양
돌봄과 격려
말씀
나눔과 봉사
교제의 왼손 –방법

8. 전도

08

전도

예수를 믿는 사람들은 먼저 교회공동체를 통하여 믿음의 성도들과 활발히 교제해야 합니다. 이런 교제를 통하여 믿음이 성장하고 온전한 모습으로 자라도록 해야 합니다. 이렇게 하는 이유는 세상 속에서 믿음을 갖지 않는 사람들을 구원하는 일에 사용되기 위해서입니다. 세상과 육적인 교제는 가능할지라도, 엄밀한 의미에서 세상 사람과의 영적인 진실한 교제는 불가능합니다. 믿지 않는 사람과 멍에를 같이 맬 수 없습니다. 거룩한 것과 거룩하지 못한 것이 함께할 수 없기 때문입니다. 그것은 선택받은 그리스도인의 거룩성이 파괴되기 때문입니다.

그렇지만 그리스도인은 세상 속에서 빛과 소금이 되어야 하는 사명을 가지고 있습니다. 그리스도인은 세상을 변혁시키는 책임을 지니고 있습니다. 그리스도인은 하나님의 대사로서 사명을 가지고 있습니다. 모든 족속으로 제자를 삼고 그들에게 복음을 전파하는 사명을 지닌 그리스도인은 적극적으로 세상에 나가 복음을 전해야 합니다. 죽은 영혼들을 그냥 두고 볼 수 없습니다. 그들에게 복음을 전해 구원해 내야 하는 중대한 사명이 모두에게 있습니다.

우리가 사는 세상

인간이 사는 세상은 하나님보다 물질이 우선인 곳입니다. 욕심과 시기와 질투와 거짓이 가득 찬 세상은 결국 하나님의 심판을 당하게 될 것입니다. 예수를 믿기 전에 우리들의 모습은 그들과 함께하는 삶이었습니다.

1. 그리스도인은 세상에서 어떤 존재입니까?(마 5:13-14)

2. 세상은 영적으로 볼 때 어떤 모습입니까?(엡 2:1-3)

3. 그리스도인은 이런 세상을 어떻게 바라보아야 합니까?(엡 2:4)

세상에서 그리스도인의 사명

우리를 구원한 이유는 세상을 구원하기 위함입니다. 그리스도인의 믿음을 장성하게 만드는 이유도 알고 보면 이 일을 잘 감당하기 위해서입니다. 세상 사람들보다 모든 면에서 모범이 되어야 합니다. 그렇지 않으면 그들에게 복음을 전할 수 없습니다.

08

1. 예수를 믿은 후에 제일 먼저 해야 할 일은 무엇입니까?(요 1:40-42)

2. 복음을 전하는 일은 곧 세상 사람들과 하나님을 어떻게 하는 일입니까?(고후 5:18-19)

3. 세상에게 전해야 할 복음의 내용을 정리해 보십시오.(고후 5:14-15, 20-21)

4. 왜 세상 사람들에게 일차적으로 복음을 전해야 합니까?(롬 10:13-14, 17)

5. 로마서 1장 16절을 읽고 나는 복음을 전하는 일에 대해서 어떤 마음을 가지고 있는지 말해 보십시오.

복음을 전하는 세 가지 방법

1. 언어를 통하여

가장 쉽게 전할 수 있는 방법입니다. 입을 열어 복음의 내용을 소개하고 예수님을 영접하도록 권면하는 일을 전도라고 말합니다. 말은 간단해도 능력이 있습니다. 특히 성령의 능력이 함께하면 간단히 전하는 한 마디가 인생을 바꿀 수 있습니다. 진실된 한 마디가 삶을 변화시킵니다. 마음과 영혼을 움직이는 것은 물질보다 말이 더 강합니다. 말에는 창조의 힘이 있습니다. 그런 의미에서 복음을 전하는 일은 보이지 않는 위력이 있습니다. 하나님이 우리에게 입을 주신 것은 복음을 전하기 위해서입니다. 입술은 복음을 전하는 일에 적극적으로 사용되어야 합니다.

1. 언제(딤후 4:2)

2. 어디서(막 16:15)

3. 누구에게(마 28:19)

4. 어떤 내용(갈 1:6-9)

5. 어떤 자세(갈 1:10)

*간증을 사용하여 증거하라

간증은 내가 만난 예수님에 대한 개인의 체험을 전하는 것입니다. 간증은 내가 무엇을 했는가가 아닌 주님이 나에게 어떤 일을 행하셨는가를 생생하게 말하면서 복음을 전하는 것입니다. 실제로 삶이 변한 사람의 모습은 보이는 복음이 될 수 있다는 점에서 힘이 있습니다. 바울은 자기의 간증을 통해 복음을 전했습니다.

간증할 때 주의할 점

1. 설교를 하지 말고 나를 위하여 하나님이 무엇을 하셨는가를 사실 그대로 말하라. 1인칭을 사용한다.
2. 길게 하면 초점이 흐려지기 때문에 짧게 요점을 중심으로 한다.
3. 주님이 간증 속에 선명하게 드러나도록 한다.
4. 은혜 받은 성경 말씀을 함께 사용하면 힘이 있다.
5. 복음을 받아들인 후 달라진 모습을 진실하고 생생하게 전달한다.
6. 간증은 자신이 십자가에 죽은 모습을 전하는 것으로 겸손을 제일 원칙으로 해야 한다.

2. 생활을 통하여

그리스도인은 세상에서 그리스도의 편지요 그리스도의 향기가 되어야 합니다. 그리스도의 편지와 향기가 되기 위해서는 그리스도를 닮는 삶을 살아야 합니다. 우리들의 행실을 보고 복음을 믿는다면 이보다 아름다운 일은 없을 것입니다. 착한 행실을 통하여 세상 사람들이 감동을 받고 회개하고 돌아오는 일을 기대하면서 살아야 합니다. 세상에서 선하게 살아야 하는 이유는 나의 의를 드러내기 위함이 아닙니다. 그 착한 행실로 하나님께 영광을 올리기 위해서입니다.

1. 세상 사람들은 무엇을 통하여 하나님께 영광을 돌리게 됩니까?(마 5:16)

2. 세상을 구원하기 위해서 그리스도인의 삶의 모습은 어떠해야 합니까?(빌 2:14-15)

3. 그리스도인과 교회가 어떻게 준비되었을 때 구원의 역사가 일어납니까?(행 2:47)

4. 간수는 바울과 실라의 무엇을 보고 구원을 간구하게 되었습니까?(행 16:26-34)

08

복음 전도의 내용 – 전도의 오른손

복음을 다른 사람에게 명확하게 이야기해 주기 위해서는 적어도 다음의 다섯 가지 내용이 들어가야 합니다. 중심 주제를 중심으로 복음 이야기를 자연스럽게 풀어가는 훈련을 하면 현장 전도시에 효과적으로 사용될 수 있습니다.

1. 사랑—하나님

하나님은 사랑이십니다: 하나님은 오늘도 인간을 사랑하고 있습니다. 이렇게 죄악이 많음에도 문제없이 지탱하는 것은 하나님의 사랑 때문입니다. 하나님은 이 세상을 끝까지 사랑하십니다.(요 3:16; 롬 5:8)

2. 죄—인간

인간은 죄를 범했습니다. 죄는 하나님의 말씀을 거역하고 하나님을 떠난 것을 말합니다. 하나님을 떠남으로 인간에게 죽음과 고통과 수고가 생겼습니다. 인간이 사는 세상이 힘들고 악한 것은 모두 인간의 죄로 인한 결과입니다. 이런 현상들을 보면서 인간은 스스로 죄인임을 깨닫게 됩니다.(창 3:16-19)

3. 심판—하나님과 인간

하나님은 공의로우신 분입니다. 죄를 지은 사람은 당연히 하나님의 심판과 형벌을 받게 됩니다. 이 심판은 영원한 죽음으로 누구도 피할 수 없습니다. 죄를 지은 사람은 하나님과 영원히 분리되어 살아야 합니다. 죽는 순간 영원한 지옥에서 지내게 됩니다.(롬 6:23)

4. 구원－예수 그리스도

인간은 스스로 자기 죄값을 치를 수 없습니다. 하나님은 외아들인 그리스도를 세상에 보내어 인간의 죄를 대신하여 죽게 하셨습니다. 즉 하나님이 인간의 몸을 입고 십자가에서 죽으신 것입니다. 그 결과 인간에게는 하나님에게로 나아가는 길이 열렸습니다. 누구든지 십자가에서 죽으신 예수님을 나의 주인으로 영접하면 내가 십자가에 죽은 것이 됩니다. 그것은 나의 죄값을 예수님이 대신 치른 것이 됩니다. 예수님과 함께 죽은 나는 이제 주님이 부활할 때 부활하게 되고 주님과 함께 하늘에 올라 영원히 살게 되는 선물을 얻게 됩니다. 예수님을 믿으면 옛사람은 죄로 인하여 죽었으며 새롭게 태어난 새사람이 되었습니다.(요 14:6; 고후 5:17)

5. 영접－나

나는 죄인이며 또 나를 위해 십자가에서 죽으신 예수님이 곧 하나님이라는 사실을 믿고, 나를 위해 죽으신 예수님을 나의 주인으로 받아들이면 그것을 "믿는다", "영접한다"고 말합니다. 이렇게 하면 하나님이 나에게 영생을 선물로 주십니다. 주님을 영접하는 것은 나의 선택에 달려 있습니다. 하나님은 이것을 강요하지 않고 스스로 응답하기를 원하고 기다리고 계십니다. 이것에 반응하지 않으면 여전히 나의 죄는 남아 있게 되고, 결국 그 죄값으로 심판을 받게 됩니다. 인간이 구원 받지 못하고 심판 받는 것은 하나님의 책임이 아닌 인간이 스스로 선택한 결과로 더 이상 변명의 여지가 없습니다.(엡 2:8-9)

08

복음전도자의 자세 - 전도의 왼손

좋은 전도인이 되기 위해서 필요한 자세는 다음과 같습니다.

1. 영혼을 사랑하는 마음을 가지라.

죽은 영혼에 대한 사랑과 불쌍히 여기는 마음을 가져야 합니다. 사람을 육적으로 보지 말고 영혼으로 바라보면 그리스도의 사랑이 생기면서 전도의 마음이 생깁니다.

2. 결과는 하나님에게 맡기라.

전도의 주체는 하나님이십니다. 영혼을 구원하는 일은 나보다 하나님이 더 원하시는 일입니다. 전도는 내가 하지만 결국은 하나님의 일입니다. 나는 하나님의 도구로 사용될 뿐입니다. 성령님의 인도를 따라 전도하되 열매와 결과는 하나님에게 맡기십시오.

3. 질문을 통해 대화를 하면서 상대방의 이야기를 잘 들어라.

전도는 일방적으로 말하는 것이 아닌 상대방의 말을 듣는 데서 출발해야 합니다. 먼저 상대방의 이야기를 듣고 그 속에서 복음의 접촉점을 찾으십시오. 상대방의 말을 듣기 위해서 질문을 사용하면 효과적입니다. 좋은 질문을 통하여 상대방의 이야기와 대답을 듣는 방식으로 전도를 하십시오.

4. 믿음을 가지고 인내하면서 복음을 전하라.

전도는 한판 승부가 아닌 하나의 과정임을 인식하십시오. 만나는 사람들에게 복음을 전하되 단번에 이루려고 하기보다는 자연스럽게 하나님의 역사하심을 기다리면서 인내를 가지고 전하십시오. 복음을 당장 받아들이지 않아도 그들은 여전히 나의 좋은 친구로 남아 있어야 합니다.

5. 온유한 마음을 가지고 평화의 사신으로 다가서라.

전도자는 그리스도의 평화를 전하는 메신저입니다. 당당하게 그리고 자부심을 가지고 복음을 전하십시오. 평화의 선물을 나누어 주는 사람으로서 사명을 잊지 말고 끝까지 평화를 전하십시오. 복음은 평화입니다. 내가 전한 그 평화가 그 사람에게 합당하지 않으면 나에게 돌아올 것입니다. 복음 전하는 일은 결코 손해가 되지 않는 일입니다. 평화를 전하면 당장은 결과가 나타나지 않아도 나중에 그 평화가 그 가정을 구원하게 될 것입니다.(딤후 2:24-26)

*내가 복음을 전하고 싶은 사람 명단을 작성해 보십시오.

대상자 이름	관계	전도계획

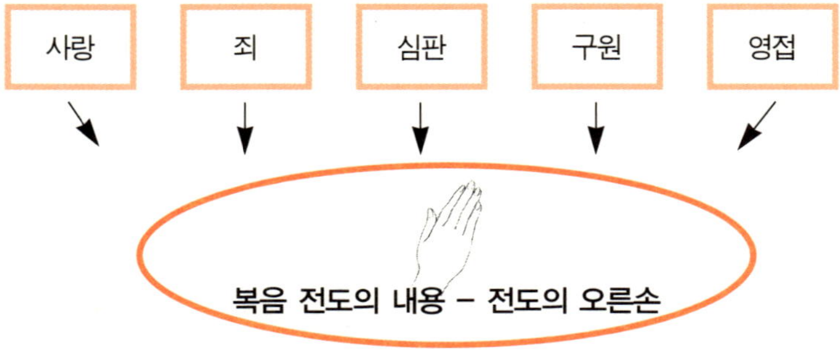
사랑
죄
심판
구원
영접
복음 전도의 내용 - 전도의 오른손

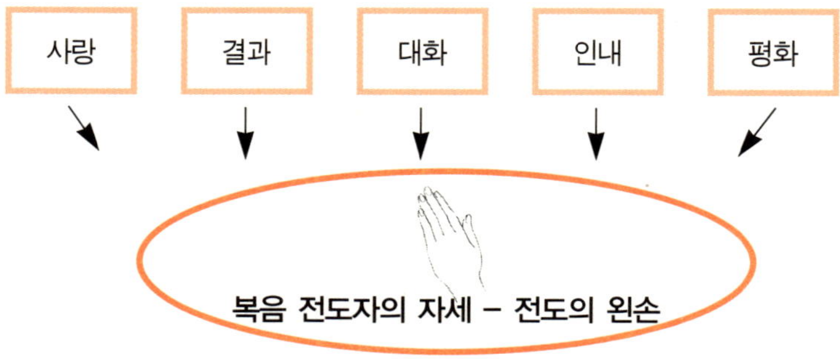
사랑
결과
대화
인내
평화
복음 전도자의 자세 - 전도의 왼손

9. 시험

09

시험

예수를 믿었다고 해서 그것으로 모든 것이 해결되는 것이 아닙니다. 왜냐하면 그리스도인이 된 이후에도 사단은 우리 곁을 떠나지 않기 때문입니다. 사단은 어떻게 하든지 믿음의 사람들을 유혹하여 하나님을 따르지 못하도록 계속 유혹합니다. 우는 사자와 같이 믿는 자들을 삼키려고 기회를 노리면서 우리를 계속 시험합니다. 우리가 믿음으로 굳건히 서지 못하면 사단은 우리를 흔들 것입니다. 사단의 시험을 분별하기 위해서는 먼저 시험의 종류들을 구분할 수 있어야 합니다. 사단은 거짓말하는 자로 속이는 데 명수입니다. 많은 사람들이 이런 사단의 속임수에 넘어가 유혹에 빠지고 있습니다.

여러 가지 종류의 시험

1. 믿음의 시련(약 1:2-4)

2. 사단의 유혹(약 1:13-14)

3. 하나님이 직접 테스트(창 22:1)

4. 사단을 통한 시험(마 4:1; 욥 1:9-12)

시험은 크게 두 가지가 있습니다. 하나는 육신의 욕심에 이끌려 시험을 당하는 사단이 주도하는 시험이 있습니다. 이것의 목적은 어떻게 하든지 우리를 넘어지게 하는 것입니다. 다른 하나는 하나님이 우리의 믿음을 위해서 주시는 시험입니다. 하나님은 사단을 사용하여 일시적으로 사단의 영역을 허락하여 시험하기도 합니다.

—시험에 대한 그리스도인의 자세는 어떠해야 합니까?(고전 10:13)

사단의 공격 방법

사단은 그럴 듯하게 위장하여 우리의 전인격적인 부분을 공격합니다. 어느 한 부분이 아닌 다차원적인 시험을 합니다. 사단의 시험에 빠지지 않기 위해서는 근신하여 깨어 정신을 차리고 있어야 합니다. 사단의 정체는 속이는 자(계 12:9)입니다. 모든 시험은 속임수에서 시작됩니다. 세상의 모든 일은 결국 악한 영과의 싸움입니다. 작은 싸움에 매달리지 말고 저변에 주도하고 있는 악한 영인 사단과의 전투임을 명심하고 문제를 접근해야 합니다(엡6:12).

09

1. 생각을 공격합니다.(마 4:4; 눅 22:3)

2. 마음을 공격합니다.(약 1:14-15)

3. 육신을 공격합니다.(약 4:1)

4. 사람을 통해 공격합니다.(마 16:21-23)

5. 환경을 통해 공격합니다.(욥 1:13-22)

6. 세상을 통해 공격합니다.(요일 2:15-17)

사단을 이기는 방법

사단은 영적인 존재입니다. 사단을 이기기 위해서는 영적인 무기를 가져야 합니다. 육으로 사단을 이길 수 없습니다. 사단을 육으로 이기려고 하면 오히려 사단에게 잡히고 맙니다.

1. 사단의 공격을 이기기 위해서는 어떤 준비를 해야 합니까?(엡 6:11)

2. 우리가 죄에 빠지지 않기 위해서는 미리 준비를 해야 합니다. 어떤 것들이 있습니까?

시 119:11

마 26:41

3. 사단을 간단하게 이기는 길은 무엇입니까?(약 4:7)

4. 우리가 세상을 이기기 위해서 계속 확인하고 힘써야 할 것은 무엇입니까?(요일 5:4)

5. 육신의 시험은 우리의 노력으로 이길 수 없습니다. 오히려 더

09

깊게 빠져드는 특징이 있습니다. 어떻게 하면 육체의 욕심을 이길 수 있습니까?(딤후 2:22; 갈 5:16-18)

6. 세상의 악에 빠지지 않기 위해서 적극적인 방법을 사용해야 합니다. 어떤 것들입니까?(잠 4:14-15; 시 1:1)

사단이 가장 무서워하는 것은 진리인 말씀입니다. 말씀은 사단을 이기는 적극적인 공격무기입니다. 아무리 사단의 간계가 교묘하다 해도 진리의 말씀으로 무장하면 능히 이길 수 있습니다. 진리 앞에는 거짓이 그대로 드러납니다. 그러나 진리를 멀리하면 우리는 사단의 거짓을 가려 낼 수 없습니다. 진실한 사람에게는 거짓이 쉽게 드러나지만 진리에 멀리 떨어져 있는 사람은 거짓을 진실처럼 믿고 따릅니다.

7. 대적 사단을 물리치는 실제적인 나의 무기는 무엇입니까?(엡 6:14-17)

*사단이 우리를 유혹하는데 사용하는 무기의 목록표
(성경을 찾아 사단의 무기 목록표를 작성해 보십시오)

· 딤후 3:1-5

· 롬 1:28-31

· 갈 5:17-21

그리스도인들이 조심해야 할 사단의 30가지 전술

1. 하나님은 고통을 주어 즐거움을 느낀다.
2. 하나님은 거짓말쟁이다.
3. 어려움이 있을 때는 머뭇거리지 말고 하나님을 떠나라
4. 혼자 어려움의 총대를 매는 것은 어리석은 일이다.
5. 좁은 길은 가지 마라.
6. 십자가의 길은 가능한 피하라.
7. 하나님의 약속들을 최대한 이용하라.
8. 이 세상이 전부이다.
9. 겉을 보고 사람을 평가하라.
10. 가정과 교회 내의 불화를 조성하라.

09

11. 습관적으로 기도하라.
12. 하나님보다 자신에게 더 우선적인 관심을 가지라.
13. 극단적인 태도를 가지고 모든 일을 대하라.
14. 작은 죄를 중요하게 생각하라.
15. 사람 앞에서 겸손한 채 하라
16. 내 것이라는 소유의식을 강화하라.
17. 모든 일에 손익분기점을 잘 계산하여 절대로 손해 보는 일을 하지 마라.
18. 경건한 사람의 집안 출입을 가능한 피하라.
19. 피로를 이용하여 영적인 일을 미루라.
20. 감정적인 면을 중요하게 생각하라.

마귀를 이기기 위한 그리스도인의 10가지 영적 무기

1. 마귀의 간계를 바르게 알고 그 실체를 파악하라.(고후 2:10-11)
2. 처음 맺은 그리스도의 사랑의 관계를 늘 확인하라.(롬 8:37-39)
3. 내가 강하기보다는 내 안에 계신 그분이 강함을 믿고 그분을 의지하라.(요일 4:4)
4. 하나님의 뜻을 이행하여 성령충만을 받으라.(엡 5:17-18)
5. 관계(죄를 범했을 때)가 잘못되었을 때는 즉시 회개하고 바로 잡으라.(요일 1:9)

6. 복음 전하는 일에 열심을 다하라.(요일 4:5-6)
7. 교회와 이웃을 섬기고 봉사하며 모이는 일에 적극적으로 임하라.(엡 4:2-4)
8. 전신갑주로 무장하고 하나님을 배우는 일에 시간을 투자하라.(엡 4:13-14, 6:11)
9. 쉬지 말고 깨어 기도하라.(엡 6:18)
10. 신령한 찬양으로 늘 감사하고 기쁨의 생활을 하라.(엡 5:19-20; 빌 4:4)

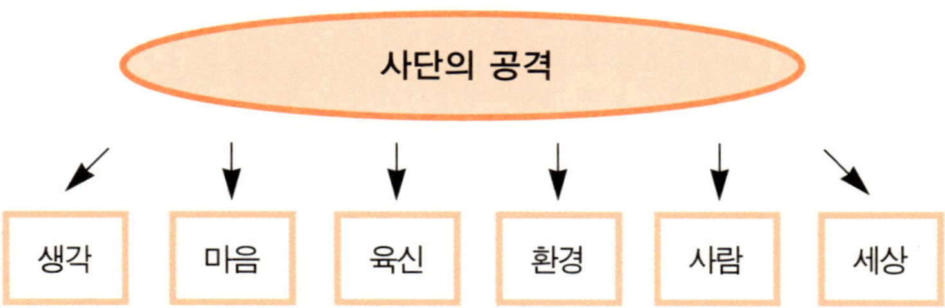

10. 성령충만

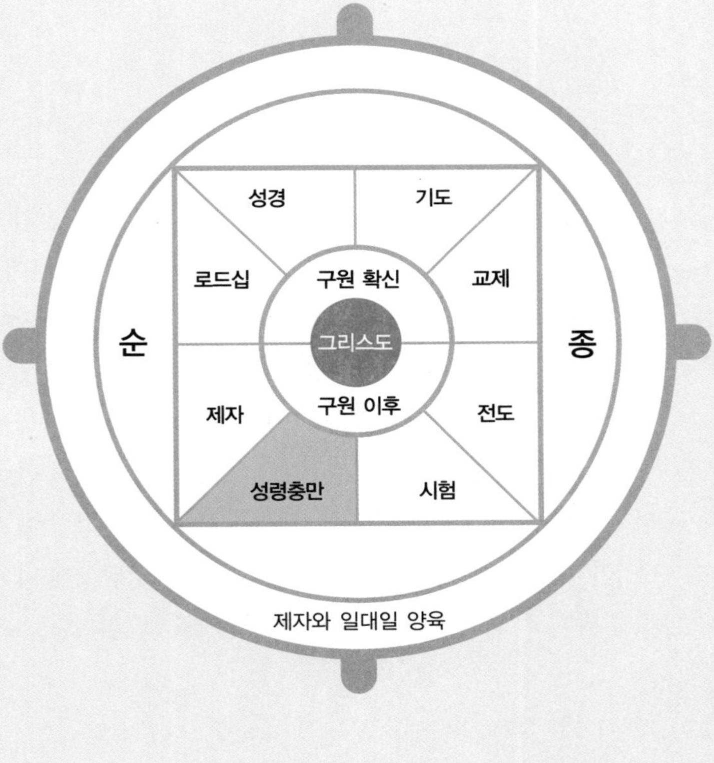

10

성령충만

그리스도인이 예수를 믿기 이전에는 악한 영에 사로잡혀 있었습니다. 그러나 이제 우리 안에 거룩한 영인 성령님이 들어오심으로 삶이 새로워졌습니다. 성령님은 단순한 에너지나 힘이 아닌 인격입니다. 성령님은 지, 정, 의를 가지신 인격체입니다. 아울러 그분은 하나님이십니다. 성경에 나오는 하나님과 예수님에 대한 생각과 마음을 동일하게 가지고 계신 분입니다. 우리 안에는 그리스도를 죽은 자 가운데서 살리신 하나님의 영(성령)이 계십니다. 이제 우리의 과제는 우리 안에 계시는 성령님에게 나의 모든 것을 맡기고 그분의 의지와 생각에 순종하는 일입니다.

현재 나의 모습

1. 현재 예수를 믿는 나의 모습은 무엇인지 말해 보십시오.
   롬 8:9

고전 6:19-20

2. 이제부터 나의 삶의 방식은 어떠해야 합니까?(롬 8:14)

3. 성령의 인도함을 받으면 나의 삶에 어떤 결과가 나타납니까?(롬 5:1-4, 11)

성령충만을 받으라

'성령충만' 이라는 말은 '성령의 지배를 받는다' 는 의미입니다. 성령이 나의 모든 삶에 개입하셔서 100% 지배하는 삶을 말합니다. 나의 생각과 마음과 몸을 내가 지배하지 않고 성령님이 온전히 지배하도록 맡기는 것을 성령충만한 삶이라고 합니다.

1. 그리스도인의 삶을 한마디로 정리하면 어떤 삶인가요?(갈 2:20)

2. 성령충만을 받기 위해서 내가 해야 할 일은 무엇입니까?(롬 6:12-14)

3. 철저히 성령님의 종이 될 때 나는 성령충만을 이룰 수 있습니다. 이것을 알려주는 교훈을 정리해 보십시오.(롬 6:16-18)

4. 성령충만과 술 취하는(술 충만) 것의 다른 점은 무엇입니까?(엡 5:17-20)

많은 그리스도인이 성령충만하기 원하지만 그것이 쉽지 않습니다. 왜 그럴까요? 어떻게 하면 계속 성령충만할 수 있을까요? 성령충만하지 못한 이유는 육신의 욕망과 죄에 대해서 미련을 가지고 그것에 순복하기 때문입니다. 과감하게 육신의 생각과 욕망을 버려야 하는데 이것이 쉽지 않고 나를 괴롭히게 됩니다. 결국 이런 행동은 죄를 선택하는 결과를 가져옴으로 성령님이 나를 지배하지 못하게 됩니다. 성령님은 인격이시기에 강제로 나를 사로잡지 않습니다. 내가 선택하여 결단하기까지 참고 기다리십니다. 성령충만은 매순간마다 내가 어느 편을 선택할 것인가, 누구에게 순종할 것인가 하는 나의 선택에 달려 있습니다. 성령충만은 단번에 이루어지지 않습니다. 계속 순종해야 합니다. 한번 순종으로 모든 것이 다 해결되는 것이 아닙니다. 계속 자신을 죽이고 성령님에게 순종할 때 성령충만하게 됩니다.

성령충만을 받는 길

많은 사람들이 성령충만을 그렇게 원함에도 성령충만을 이루지 못하는 이유는 어디에 있을까요? 그것은 아직 자신이 철저히 죽었다는 것에 대한 인식이 희미해서입니다. 완전히 자신이 십자가에서 죽었다면 옛날의 자아가 유혹을 해도 그 소리에 더 이상 귀를 기울이지 않을 것입니다. 그런데 자꾸 그것에 끌려 그 생각에 순종하고 복종하는 것은 아직 자신이 죽지 않아서입니다. 더 정확하게 말하면 자신이 여전히 살았다고 생각하는 데서 생기는 문제입니다. 말씀에 대한 확신이 부족해서입니다. 자신을 철저히 죽이지 않는 한 성령은 나를 지배하지 않습니다. 열심히 구한다고 되는 것이 아니라 먼저 자신을 죽이는 작업을 철저히 해야 합니다.

1. 우리는 언제, 어떻게 죽었습니까?(롬 6:2-5)

2. 날마다 자신을 어떻게 생각하면서 살아야 합니까?(롬 6:11)

3. 육신이 연약하여 또 죄를 지었을 때 어떻게 해야 합니까?(요일 1:9)

4. 성령충만은 우리의 힘으로 이루어지는 일이 아닙니다. 성령충만을 위한 하나님의 도우심이 필요합니다. 하나님께 성령충만을

갈구해야 하는데 구체적으로 어떤 기도를 해야 할까요?(엡 3:14-19)

5. 작은 일에도 하나님의 뜻에 순종하면서 살아가는 훈련을 해야 합니다. 성령충만은 결국 무엇에 의해서 결정됩니까?(롬 12:1; 롬 6:16)

충만은 가득 찬 것을 의미합니다. 컵에 물이 가득 차지 않으면 흘러넘치지 않습니다.
물이 컵에 70~80% 이상 채워지기까지는 충만함을 잘 느끼지 못합니다. 그러나 포기하지 않고 계속 채워나가면 언젠가는 가득 채워져 물이 흘러넘치게 될 것입니다. 당장 느낌이 없다고 해서 실망하지 말고 계속 채워 나가면 언젠가는 충만을 경험하게 될 것입니다.
대부분 과정을 이기지 못하고 그만 두는 경우가 많습니다. 이런 면에서 보면 성령충만은 현재진행형입니다. 쉬지 않고 계속 인내를 가지고 성령을 좇아 행하게 되면 언젠가는 나도 성령충만함을 경험하게 될 것입니다.

6. 어느 때 성령(생수)이 우리 속에서 흘러나와 이웃에게 전달됩니까?(요 7:38)

성령충만을 받으면 나타나는 결과

성령충만함을 입으면 우리의 삶이 완전히 달라집니다. 매순간 성령충만을 경험하면서 점차 성령의 지배를 받는 사람으로 변화되어야 합니다. 늘 이런 꿈을 그리고 기도하면서 나아가면 어느 순간에 나의 모습이 놀랍게 변화될 것입니다. 그리스도인의 꿈은 세상과 다른 성령충만함을 받는 꿈입니다.

1. 인격과 생활에서 아름다운 열매가 맺히게 됩니다.

—갈라디아서 5장 22~23절의 말씀을 정리하여 그 내용을 말해 보십시오.

2. 신의 성품에 참여하여 생활의 변화가 일어납니다.

—우리에게 맺히는 하나님의 성품은 어떤 것들입니까?(벧후 1:3-8)

3. 성령의 은사가 믿음의 분량에 따라 나타납니다.

—성령으로 나타나는 은사들은 어떤 것들입니까?(고전 12:8-11)

4. 능력을 행하며 복음의 증인으로 살게 됩니다.

—담대하게 어느 곳에서든지 기쁨으로 복음을 전하게 된 근원은

10

무엇입니까?(행 4:31, 7:55, 13:52)

5. 교회의 좋은 일꾼이 됩니다.

—교회 일꾼의 자격 요건은 무엇입니까?(행 6:3)

*나는 현재 어느 부분에서 성령충만 받기를 원합니까? 성령의 인도하심을 받는 것이 가장 부족한 부분은 어디입니까? 이 부분을 놓고 기도하십시오.

—생각
—마음
—몸
—재물
—비전
—기타

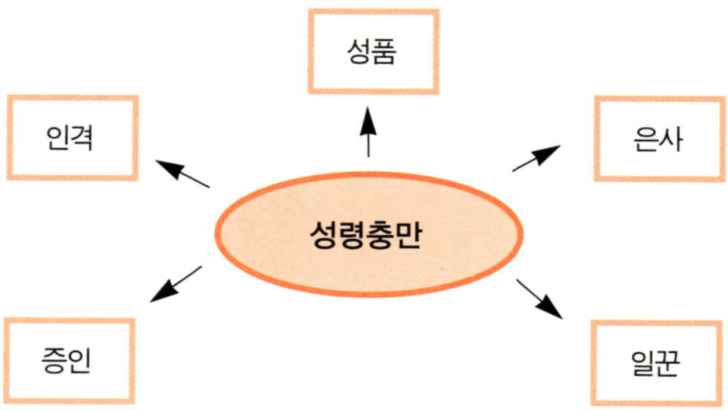

11. 제자

11 제자

무리인가, 제자인가?

신앙생활은 처음에는 무리로 시작합니다. 익명을 즐기면서 교회에 참여하는 것도 내 중심으로 합니다. 조용히 자신의 생활을 즐기면서 교회에 매이지 않는 생활을 하다가 어느날 주님의 은혜를 깨닫는 순간 주님에게 자신을 온전히 드리기로 작정하게 됩니다. 이렇게 되면 무리에 머무르지 않고 주님을 따르는 제자로 살게 됩니다. 자신의 삶을 모두 주님에게 드리면서 주님을 드러내는 삶으로 전환됩니다. 우리는 이런 사람을 주님의 제자라고 말합니다.

제자는 자신이 분명하게 그리스도인임을 드러내며 어디서든지 하나님의 영광을 위하여 살게 됩니다. 구원 받은 사람은 짧은 인생 속에서 많은 기간을 익명의 무리로 살아가면 안 됩니다. 겨우 자신만 구원 받고 하늘의 상급과 면류관을 받지 못한다면 슬픈 일입니다.

사실 주님을 위해 나 자신을 온전히 드릴 수 있는 기간은 아주 짧습니다. 여러분은 어떻게 살기를 원하십니까? 수많은 무리 속에서 잠시 동안의 인생에 시간을 바치는 허무한 삶을 살 것입니까, 아니면 짧은 인생을 온전히 주님에게 드려 주님의 칭찬을 받는 제자로 살아갈 것입니까?

1. 세상의 즐거움을 다 가졌던 전도자(솔로몬)는 세상의 삶을 어떻게 평가하고 있습니까?(전 12:7-8)

2. 세상의 모든 일의 결론은 무엇에서 결정됩니까? 세상에서 가장 성공적이고 행복한 삶은 무엇입니까?(전 12:13)

제자의 자격 - 순종

우리가 정말 예수님을 나의 주인으로 모셨다면 이제부터는 주님을 닮는 제자가 되어야 합니다. 제자는 스승을 닮기로 작정한 사람을 의미합니다. 예수님도 세상에 계시면서 그것을 원하셨습니다. 그래서 열두 명의 제자를 선택하여 그들을 위해 자기의 온 삶을 바쳤습니다. 그것은 그만큼 제자가 중요하다는 것을 의미합니다. 그리고 그 열두 명의 제자들이 세상을 변화시켰습니다. 지금도 그 제자를 닮은 제자들이 수없이 배출되고 있습니다. 비록 작은 수일지라도 주님을 온전히 닮은 제자가 세상을 이끌어 갑니다.

11

1. 어떻게 하면 주님의 제자가 될 수 있습니까?(눅 14:25-27)

2. 주님의 제자가 되기 위해서 매순간 해결해야 할 과제는 무엇입니까?(눅 9:23)

제자는 주님의 말씀과 삶에 절대적으로 순종해야 합니다. 순종은 죽기까지 충성하는 것입니다. 자기가 살아 있으면 주님의 제자가 되지 못합니다. 자기를 주님의 뜻에 모두 맡기면서 주님의 뜻이 자기의 뜻이 될 때 진정한 제자가 되었다고 말할 수 있습니다. 자기 생각이 남아 있으면 아직 제자가 되지 않은 것입니다.

3. 주님을 위해 자기의 모든 것을 기꺼이 버리는 제자는 나중에 어떻게 됩니까?(눅 9:24)

주님께 순종하는 사람들은 주님이 세우신 모든 질서와 법에도 순종합니다.
모든 것을 주님의 섭리대로 움직이고 인도하심을 믿기 때문입니다. 당장 이해 못하는 것일지라도 그것에 순종하며 하나님의 뜻을 기다리는 것이 제자의 태도입니다. 제자는 자기의 의가 아닌 언제나 하나님의 때와 하나님의 섭리를 바라보는 사람들입니다.

4. 제자는 가정에서 어떻게 순종의 모범을 보여야 합니까?(엡 5:22, 25)

5. 제자는 교회에서 어떻게 순종의 모습을 보여야 합니까?(벧전 5:5)

6. 제자는 직장에서 어떻게 순종하는 사람입니까?(골 3:22)

7. 제자는 사회와 국가에 대해서 어떤 자세를 가져야 합니까?(롬 13:1)

제사보다 순종을 배워야 합니다. 제사는 외적인 의식과 모습이지만 순종은 내적인 마음의 상태입니다. 순종 없는 제사는 외식입니다. 하나님은 주님의 뜻이라면 자기의 뜻을 포기하고 그 뜻에 순종하는 사람을 찾고 있습니다.

8. 세상의 역사는 어떤 사람에 의해 움직입니까?(롬 5:19)

11

위대한 하나님의 나라 건설자들

성경에 나오는 제자들은 한결같이 하나님의 사람이라는 호칭을 받았고 주님을 위해 자신의 모든 것을 바쳤으며 말씀에 순종하며 따랐습니다. 어떤 환경과 여건에서도 모든 것을 하나님이 하시는 일로 받아들이며 순종하고 감사함으로 받아들였습니다. 그리고 그들은 자신의 나라가 아닌 하나님의 나라를 건설하며 약속을 이루는 삶을 살았습니다. 오직 그들의 관심은 하나님의 뜻이 이 땅에 이루어지는 일이었습니다. 비록 자기는 고난을 당하고 초라하게 살다가 간다고 할지라도…….

1. 아브라함(창 12:1-4)

2. 모세(출 3:1-12)

3. 사무엘(삼상 3:10-20)

4. 다윗(삼상 24:6)

5. 에스더(에 4:13-16)

6. 이사야(사 6:8-10)

7. 베드로(마 4:18-20)

8. 바울(행 20:24)

충성스러운 제자를 찾아라

세상은 언제나 하나님의 말씀에 순종한 사람들에 의해서 변화되었습니다. 성경에는 크게 순종하는 사람과 불순종하는 사람 두 부류가 나옵니다. 오늘도 주님은 끝까지 자신을 바치고 변절하지 않는 그런 충성된 제자를 원하십니다. 죽기까지 자신을 주님의 뜻에 복종하는 사람이 훌륭한 제자입니다.

1. 왜 충성스러운 제자가 되어야 합니까?(딤후 2:2)

잠깐 동안은 열심을 가지고 충성스러운 제자가 될 수 있습니다. 그러나 어려움이 닥치면 중간에 주님의 길을 따르는 일을 그만두는 제자들이 많습니다. 충성은 신실함을 지닌 제자의 특징입니다. 변하지 않는 마음을 가진 사람이 좋은 제자입니다.

2. 베드로와 가룟 유다를 비교하여 말해 보십시오.

11

마 26:69-75

마 27:3-5

하나님의 나라 담지자들

제자는 하나님의 나라를 소유한 사람들입니다. 제자는 세상의 나라에 관심을 두기보다는 하나님의 나라를 건설하는 일에 마음이 있습니다. 하나님의 나라로 가득한 제자들은 다른 사람들에게 하나님의 나라를 전하는 삶을 삽니다. 그리스도인은 모두 하나님의 나라를 소유한 사람으로 하나님의 나라 백성들입니다.

1. 하나님의 나라는 어디에 있습니까?(눅 17:20-21)

2. 믿음의 사람들은 어디에 속해 있습니까?(눅 13:28-29)

3. 무엇을 통해 우리 안에 하나님의 나라가 있는지 알 수 있습니까?(마 12:28)

4. 우리 안에 있는 하나님의 나라의 모습을 말해 보십시오.(롬 14:17)

5. 제자들이 전해야 할 복음의 내용은 무엇입니까?(마 10:7; 눅 16:16)

제자를 통한 하나님의 나라 건설

교회와 사회 속에서 충성된 제자의 역할은 중요합니다. 하나님의 나라를 품고 하나님의 나라를 건설하는 제자들을 통해 교회 안에서 천국은 건설되고 세상 속에서 하나님의 나라는 세워져 나갑니다. 교회는 이런 하나님의 나라를 건설하는 충성된 제자들을 많이 배출해야 합니다. 자기만족을 구하며 헌신하려고 않는 교회 마당만 밟는 수많은 무리로는 하나님의 나라가 이루어질 수 없습니다. 비록 소수일지라도 자신을 온전히 주님에게 드리며 하나님의 나라와 의를 구하는 일에 우선순위로 두는 사람이 필요합니다.

1. 충성된 제자는 삶에서 무엇을 우선순위로 삼습니까?(마 6:33)

2. 제자들이 교회 안에서 이루어야 할 하나님 나라의 구체적인

모습은 어떤 것들입니까?(롬 12:9-13)

11

3. 제자들을 통해 세상 속에서 이루어야 할 하나님 나라의 모습은 어떻습니까?(롬 12:14-21)

제자들에게 주어지는 보상

제자들은 하나님의 나라를 위하여 자기 인생을 드리는 사람입니다. 예수님도 이 세상의 나라가 아닌 하나님의 나라를 위해서 인생을 사셨습니다. 제자는 세상 나라에 욕망을 두기보다는 영원한 하나님의 나라에 소망을 두고 살아갑니다. 제자들에게는 세상의 성공과 비교할 수 없는 하나님의 축복이 주어집니다. 이런 축복을 바라본다면 비록 세상에서 고난과 핍박과 실패가 있다 하더라도 당연히 일시적인 세상의 나라보다 영원한 하나님의 나라 건설에 주력해야 합니다.

1. 그리스도인은 무슨 복을 바라보며 사는 사람들입니까?(마 5:10-12)

2. 하나님 앞에서는 주의 이름으로 행하는 작은 일이라도 큰 일이 됩니다. 하나님은 제자들이 행한 일을 어떻게 기억하십니

까?(마 10:41-42)

*나는 지금 하나님의 나라를 건설하는 충성된 제자로 쓰임 받기를 얼마나 소원합니까? 나의 각오와 느낌을 말해 보십시오.

세상을 변혁시키는 거꾸로 사는 제자의 영적 사고

하나/ 미련한 것이 지혜로운 것이다.(고전 1:19-21)
둘/ 약한 것이 강한 것이다.(고후 12:7-10)
셋/ 낮은 자가 높은 자이다.(벧전 5:6-7)
넷/주는 것이 받는 것이다.(고후 9:6)
다섯/ 남을 위한 것이 자기를 위한 것이다.(마 10:42)
여섯/ 죽는 것이 사는 것이다.(엡 2:1)

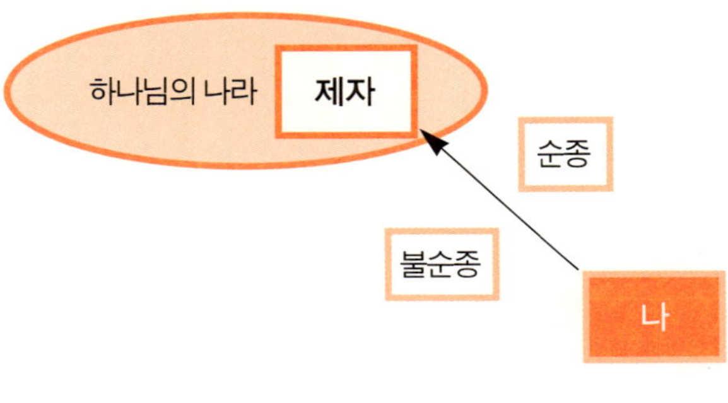

개인 점검표

과	일자	과제(기도, 성경읽기)	기도제목	출석유무	점검
1					
2					
3					
4					
5					
6					
7					
8					
9					
10					
11					
12					

• 과제/ 상. 중. 하

지 체 원 돌 봄 표

(　　　　　　　　　　) 지체　　　　　　　　　　　　이름:

번호	이름	전화	주소	1	2	3	4	5	6	7	8	9	10	11	12
지체장															
1															
2															
4															
5															
6															
7															
8															
9															
10															
11															
12															

- 지체원의 이름을 적어 서로의 출석을 체크하고 점검하면서 격려하고 보살핍니다. 지체원이기에 서로 관심을 가져야 합니다. 이런 돌봄을 통해 그리스도의 몸된 유기체적인 관계를 경험하며 그리스도의 몸을 세우게 됩니다. (전화, 방문, 편지, 배운 것 전해주기, 대화 등으로 한주간 동안에 한 번 이상씩 지체원들과 유기적인 교제를 합니다.)

중보기도 일지

이름 :

번호	기도요청자	월일	기도내용	기도응답내용	응답일
1					
2					
3					
4					
5					
6					
7					
8					
9					
10					
11					
12					
13					
14					
15					

나의 간증

저자 이대희 목사

장로회 신학대학교 신학대학원(M.Div)과 연세대학교 연합신학대학원(Th.M)을 졸업하고 현재 에스라성경대학원대학교 성경학박사(D.Liit) 과정 중이다.
예장총회교육자원부 연구원과 서울장신대학교 신학과 교수를 역임하고 서울 극동방송에서 "알기 쉬운 성경공부" "기독교 이해" 등의 프로그램을 진행했다. 지난 20여 년 동안 성서사람 · 성서한국 · 성서교회 · 성서나라의 모토를 가지고 한국적 성경교육과 실천사역을 위해 집필과 세미나와 강의사역을 하고 있다. 현재 바이블미션(www.bible91.org) 대표, 꿈을주는교회 담임목사, 독수리기독중고등학교 성경교사, 강남성서신학원 외래교수, 서울장신대 겸임교수로 사역 중이다.
저서로 《30분 성경공부시리즈》《투데이 성경공부시리즈》《아름다운 십대 성경공부시리즈》《이야기대화식성경연구》《성경통독을 위한 11가지 리딩포인트》《심방설교 이렇게 준비하라》《예수님은 어떻게 교육했을까?》《1% 가능성을 성공으로 바꾼 사람들》《자녀를 거인으로 우뚝 세우는 침상기도》《하룻밤에 배우는 쉬운 기도》《하나님 이것이 궁금해요》《크리스천이 꼭 알아야 할 100문 100답》 등 100여 권이 있다.

일대일 양육

엔크리스토 제자양육성경공부 2 – 기초과정

초판 1쇄 인쇄일 | 2008년 9월 20일
초판 4쇄 발행일 | 2012년 10월 19일

지은이 | 이대희
펴낸이 | 김학룡
펴낸곳 | 엔크리스토
마케팅 | 임월규, 이동석
관리부 | 이진규, 박지현, 박혜영, 이상석, 김동인

출판등록 | 2004년 12월 8일
주 소 | 경기도 고양시 일산동구 장항동 585-2
전 화 | (031) 906-9191
팩 스 | 0505-365-9191
이메일 | 9191@korea.com
공급처 | 기독교출판유통

ISBN 978-89-92027-54-0 04230

값 4,000원

- 잘못된 책은 바꾸어 드립니다.
- 이 교재의 사용 방법, 내용, 훈련, 세미나에 대한 문의는 바이블미션(02-403-0196, 010-2731-9078)으로 해주시면 최선을 다해 도와드리겠습니다.